동시**로** 생각하고
수필**로** 이해하고
문제**로** 논술하는

로로로 초등 국어

동시로 생각하고
수필로 이해하고
문제로 논술하는

로로 초등 국어 5학년

글 윤병무 | 그림 이철형

국수

단원 개요

국어 교과서의 단원별 열쇠 말을 의문형 문장으로 짧게 써 놓았어요. 독자의 궁금증을 이끌어 내기 위함이에요. 자발적 배움은 궁금함에서 시작되니까요.

국어 동시

동시로 국어를 배워요. 이야기가 있는 국어 동시를 읽으면서 단원의 핵심 개념을 느끼고 생각하면서 자연스레 배울 수 있어요. 이야기의 힘이에요. 동시와 어울린 그림 또한 마음에 스미게 해 주어요.

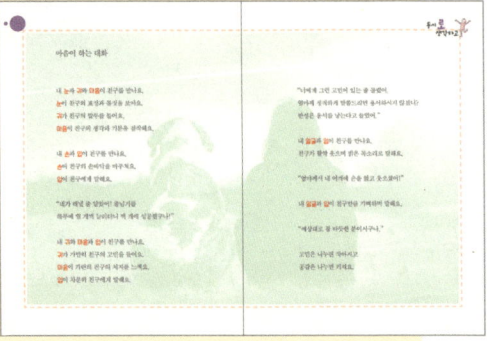

이 책의 구성

국어 수필

국어 지식을 수필로 풀어냈어요. 논설문이 아니라 저자가 공부하고 생각해서 쓴 국어 수필이에요. 그럼에도 독자는 읽어 내야 이해할 수 있어요. 이 책의 수필은 지식이 쌓이고 마음이 살지는 글이에요.

논술 문제

정답을 요구하는 문제가 아니에요. 독자의 자유로운 생각을 이끌어 내는 서술형 문제예요. 자신의 생각을 분명하게 써 보는 게 중요해요. 생각은 글로 나타낼 때 깊어지고 넓어져요.

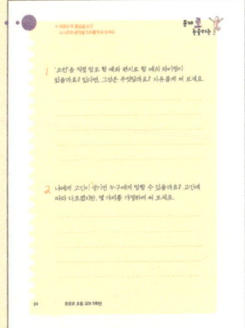

머리말 국어라는 들꽃밭 • 12

① 상대의 마음을 헤아려 대화하기 • 17
　대화와 공감

② 경험을 떠올려 시를 읽고, 바꿔 쓰기 • 25
　작품을 감상해요

③ 설명하는 글을 요약하는 법과 쓰는 법 • 33
　글을 요약해요

④ 문장의 구성을 이해하여 읽고 쓰기 • 45
　글쓰기의 과정

⑤ '동형어'와 '다의어'를 이해하기 • 53
　글쓴이의 주장

차례

⑥ 토의의 절차와 방법을 이해하기 • 61
토의하여 해결해요

⑦ '여정, 견문, 감상'을 적은 기행문 쓰기 • 69
기행문을 써요

⑧ '단일어'와 '복합어'를 이해하기 • 77
아는 것과 새롭게 안 것

⑨ '설명하는 글'과 '주장하는 글'을 읽는 법 • 85
여러 가지 방법으로 읽어요

⑩ 자기 경험을 바탕으로 이야기 쓰기 • 93
주인공이 되어

⑪ **상대의 말을 경청하며 대화하기** • **101**
　　마음을 나누며 대화해요

⑫ **지식과 경험을 떠올려 글 읽기** • **109**
　　지식이나 경험을 활용해요

⑬ **의견을 조정하는 절차를 이해하기** • **117**
　　의견을 조정하며 토의해요

⑭ **'문장 성분의 호응 관계'에 맞게 겪은 일을 쓰기** • **127**
　　겪은 일을 써요

차례

⑮ **매체의 특성을 이해하여 정보 찾기** • 137
여러 가지 매체 자료

⑯ **상대의 주장과 근거를 판단하여 토론하기** • 151
타당성을 생각하며 토론해요

⑰ **낱말 뜻을 짐작하여 문장을 이해하기** • 159
중요한 내용을 요약해요

⑱ **'대화'의 수준을 생각하여 말하기** • 167
우리말 지킴이

찾아보기 • 177

머리말
국어라는 들꽃밭

　과학의 숲을 지나, 수학의 산을 넘어, 국어의 들판을 지납니다. 돌이켜 보면, 그랬습니다. 비유하자면, '로로로 초등 과학'을 쓸 때는 나무와 새가 어울려 사는 숲을 지나는 것 같았습니다. 자연이 숨 쉬는 숲길에서 제 마음도 호기심 많은 어린이와 같았습니다. '로로로 초등 수학'을 쓸 때는 가파른 산을 오르는 것 같았습니다. 암벽을 만나 수직으로 올라야 할 때는 헛디디지 않으려고 애썼습니다. 수학 공부가 그렇듯이, 힘든 만큼 성취감도 느꼈습니다. '로로로 초등 국어'의 길은 들꽃이 만발한 들판이었습니다. 말과 글로 피어나는 국어는 갈 길 앞에서 발길을 붙잡는 들꽃밭이었습니다. 이어서 나올 '로로로 초등 사회'는 또 어떤 풍경일지 궁금합니다.

국어는 언어입니다. 인류는 언어를 사용하면서 비로소 '사람'이 되었습니다. 인류는 민족마다 수천, 수만 개의 낱말로 꽤 자세한 생각과 섬세한 감정을 서로 주고받습니다. 그것이 말과 글로 표현된 언어이고, 우리말은 국어입니다. 가까이 있는 사람끼리는 말소리로 의사소통합니다. 멀리 있는 사람끼리는 글로써 표현합니다. 또 이미 오래전에 사셨던 분들이 남긴 글은 수백 년이 지난 오늘날에도 읽습니다. 이렇게 언어는 사람만이 만들어 사용하는 훌륭한 문화입니다. 그러니 우리 국어를 올바르게 배우고 익혀서, 잘 듣고, 잘 말하고, 잘 읽고, 잘 써야겠습니다.

동시와 수필은 둘 다 문학이지만, 그 둘은 사뭇 다릅니다. 동시는 종이비행기와 같고, 수필은 연(鳶)과 같습니다. 동시는 어디로 날아갈지 알지 못합니다. 손을 떠난 종이비행기가 어떻게 활공하여 얼마큼 날아갈지는 비행기를 날린 사람도 모릅니다. 그것이 동시(시)의 매력입니다. 그래서 동시는 쓰는 사람도, 읽는 사람도 자유롭습니다. 반면에, 수필(산문)은 연처럼 얼레와 연줄에 매여 있습니다. 그래서 수필(산문)은 연을 날리고 싶은 방향과 높이를 가늠하여 조종할 수 있습니다. 그

둘의 장점을 살려서 이 국어 시리즈도 교과 단원의 핵심 개념을 주목하여 썼습니다. 정답을 요구하지 않는 서술형 문제는 독자의 미래를 위한 덤입니다. 그 문제들이, 가만히 생각하는 어린이 독자에게 봄이면 피어날 '겨울눈*'이 되기를 바랍니다.

국어 시리즈도 이철형 화가와 함께 작업했습니다. 화가의 마음을 닮은 그림들은 어색한 꾸밈도, 지나친 과장도 없어서 참 자연스럽습니다. 더불어, 국어 시리즈의 그림들은 완성된 그림과 완성되지 않은 그림들이 함께 수록되어 있습니다. 절반이 넘는 그림을 일부러 완성하지 않은 채 실었습니다. 색칠하지 않은 부분은 독자의 몫으로 남겼습니다. '로로로' 시리즈는 융합 교육을 지향합니다. 국어 시리즈는 문학뿐만 아니라, '미술'과도 연결했습니다. 그러니, 미완성 그림에는 독자가 자유롭게 색칠해 보기 바랍니다. 생각과 느낌은 마음을 따르는 손이 더욱 잘 표현할 수 있습니다.

앞서 나온 '로로로' 시리즈에 대한 서평을 인터넷 서점에서 읽었습니다. 그 요지는 이랬습니다. '내가 자라던 시절에도 이런 책이 있었더라면……. 재미없는 수학을 삼촌이 조곤조곤

쉽게 이야기해 주는 느낌.' 제 얼굴은 빙그레 웃었고, 마음은 흐뭇했습니다. 그 독자분의 마음과 같은 마음에서 '로로로' 시리즈가 시작되었기 때문입니다. 공감에 감사드립니다.

2020년 봄에
저자 윤병무

* 겨울눈: 가을에 나뭇가지에 생겨서 겨울을 넘기고 봄에 자라는 싹.

1
상대의 마음을 헤아려 대화하기

대화는 어떻게 하면 좋을까요?
상대를 기분 좋게 하는 대화 습관은 무엇일까요?
대화하는 상대를 칭찬할 때는
어떻게 말하면 좋을까요?
상대에게 조언할 때는
어떻게 대화하면 좋을까요?
공감하는 대화를 해 보아요.

대화와 공감

마음이 하는 대화

내 **눈**과 **귀**와 **마음**이 친구를 만나요.
눈이 친구의 표정과 몸짓을 보아요.
귀가 친구의 말투를 들어요.
마음이 친구의 생각과 기분을 짐작해요.

내 **손**과 **입**이 친구를 만나요.
손이 친구의 손바닥을 마주쳐요.
입이 친구에게 말해요.

"네가 해낼 줄 알았어! 줄넘기를
하루에 열 개씩 늘리더니 백 개에 성공했구나!"

내 **귀**와 **마음**과 **입**이 친구를 만나요.
귀가 가만히 친구의 고민을 들어요.
마음이 가련히 친구의 처지를 느껴요.
입이 차분히 친구에게 말해요.

"너에게 그런 고민이 있는 줄 몰랐어.
엄마께 정직하게 말씀드리면 용서하시지 않겠니?
반성은 용서를 낳는다고 들었어."

내 **얼굴**이 친구를 만나요.
친구가 활짝 웃으며 밝은 목소리로 말해요.

"엄마께서 내 어깨에 손을 얹고 웃으셨어!"

내 **얼굴**과 **입**이 친구만큼 기뻐하며 말해요.

"예상대로 참 따뜻한 분이시구나."

고민은 나누면 작아지고
공감은 나누면 커져요.

　　언어는 '말하기, 듣기, 읽기, 쓰기', 이렇게 네 영역으로 나눌 수 있어요. 우리말도 언어여서 마찬가지예요. 이 네 가지 중에서 가장 기본적인 것은 무엇일까요? 그것은 '말하기'와 '듣기'예요. 사람들은 문자를 만들기 전부터 '말하기'와 '듣기'로 생각과 느낌을 주고받았을 테니까요. '말하기'와 '듣기'는 '대화'예요. 대화(對話)는 한자어예요. 마주할 대(對), 말씀 화(話)예요. 말 그대로, 대화의 뜻은 '마주하여 말을 주고받음'이에요. 말을 주고받으려면 서로가 하는 말을 서로가 잘 알아들어야 해요. 그런데, 대화를 적절히 잘하려면 그저 말만 주고받는다고 되는 것은 아니에요. 무엇보다 상대를 위하는 마음이 말과 함께해야 해요.

상대를 위하는 마음은 배려하는 마음이에요. 배려하는 마음은 상대의 기분과 생각을 짐작하고, 상대의 마음이 불편하지 않도록 말하고 행동하는 태도예요. 상대의 기분과 생각을 짐작하려면, 상대의 표정과 몸짓과 말투를 살펴야 잘 알아차릴 수 있어요. 그래서 대화를 잘하려면 배려하는 마음이 먼저예요. 또한, 상대를 기분 좋게 하는 대화도 좋은 습관이에요. 어떻게 대화하면 상대의 기분이 좋을까요? 그것은 상대를 칭찬하는 대화예요. 거짓으로 꾸민 칭찬은 상대도 느낌으로 알아차려요. 칭찬하는 말은 진심이어야 하고, 칭찬의 내용은 구체적이어야 해요. 즉, 칭찬할 때는 분명하고 자세하게 말해야 해요. 그저, "줄넘기를 백 개나 했네!"라고만 말할 게 아니라, "하루에 열 개씩 늘리더니, 드디어 백 개까지 해냈구나!"라고, 결실의 과정을 더 높이 평가해 주면 좋아요. 칭찬할 때는 상대가 잘하는 것이나, 고마운 일에 대한 것이나, 상대의 장점을 인정해 주면 좋아요.

상대에게 '조언'할 때는 어떻게 대화하면 좋을까요? '도움말'과 같은 뜻인 조언(助言)은 한자어예요. 도울 조(助), 말씀 언(言)이에요. 그래서 조언은 '돕거나 깨우쳐 주는 말'이에요. 사실, 조언하는 일은 쉽지 않아요. 조언을 잘못하면, 오히려 상대의 마음을 불편하게 할 수도 있어요. 따라서, 조언할 때는 주의할 점이 있어요. 우선, 상대가 자기 고민을 스스로 말할 수 있어야 해요. 급한 마음이 생겨 강요하면 안 돼요. 상대가 편안하게 말하게끔 상대의 말을 귀담아들어야 해요. 그리고 조언할 때는 상대의 처지를 짐작하여 도움이 될 만한 이야기를 진심으로 말해야 해요. 그러려면 서로가 공감해야 해요. 공감(共感)도 한자어예요. 한가지 공(共), 느낄 감(感)이에요. 그래서 공감은 '서로가 한마음이 되는 것'이에요. 서로의 마음을 헤아리고, 서로를 인정해 주는 것이에요. 누구든, 자기 마음을 몰라 주는 사람에게는 결코 마음의 문을 열지 않아요.

• 아래의 두 물음을 읽고
  스스로의 생각을 자유롭게 써 보아요.

1. '조언'을 직접 말로 할 때와 편지로 할 때의 차이점이 있을까요? 있다면, 그것은 무엇일까요? 자유롭게 써 보세요.

2. 나에게 고민이 생기면 누구에게 말할 수 있을까요? 고민에 따라 다르겠지만, 몇 가지를 가정하여 써 보세요.

2
경험을 떠올려 시를 읽고, 바꿔 쓰기

작품 속의 이야기를 생생하고 실감 나게 느끼려면
어떻게 읽어야 할까요?
시 속의 이야기는 어떻게 느낄 수 있을까요?
겪은 일을 떠올리며
시 속의 이야기를 읽고,
자기 생각과 느낌으로 바꾸어 써 보아요.

작품을 감상해요

반딧불

윤동주

가자 가자 가자
숲으로 가자
달 조각을 주으러*
숲으로 가자.

그믐달 반딧불은
부서진 달 조각,

가자 가자 가자
숲으로 가자
달 조각을 주으러*
숲으로 가자.

* 주으러: '주우러'가 맞춤법에 맞는 말이에요.

모래성

오학년 윤동주

가자 가자 가자
바다로 가자
모래성을 지으러
바다로 가자.

해변의 모래톱은
부서진 모래성,

가자 가자 가자
바다로 가자
모래성을 지으러
바다로 가자.

시와 제목을 바꿔 쓰니
나의 시가 되었어요.

자유롭게 색칠하여 그림을 완성해 보세요.

　컴퓨터가 무엇인지, 컴퓨터 게임이 무엇인지 모르는 사람이라면, 학원에 가야 할 시간이 되어서 컴퓨터 게임을 멈춰야 하는 어린이의 아쉬움을 공감하지 못할 거예요. 학원에 다니는 학생이 적지 않은 우리나라의 교육 현실을 잘 모르는 외국인이라면 시간에 쫓기는 학생 생활을 공감하지 못할 거예요. 그분들이 이런 생활 문화를 이야기하고 있는 동화를 읽는다면 아마도 고개를 갸웃할 거예요. 그런 생활을 경험하지 못했기 때문이에요. 그래서 누구에게나 '경험'은 세상을 이해할 때 먼저 꺼내 쓰는 안경이에요.

　작품을 읽을 때도 마찬가지예요. 위인전이든, 동화이

든, 시이든, 작품 속 이야기를 읽는 독자는 자연스레 자기 경험을 떠올리기 마련이에요. 경험은 공감이라는 길로 가는 첫걸음이니까요. ==작품 속의 사건이 독자가 겪은 일과 비슷하다면 꽤 **실감** 날 거예요. 작품 속의 인물이 느낀 감정을 독자도 느껴 보았다면 그 마음이 **생생**할 거예요.== 또는, 직접 겪은 일은 아니더라도, 작품의 내용이 영화나 드라마나 책에서 본 적 있는 사건이나 풍경을 떠올리게 한다면, 독자는 어렵지 않게 이야기의 상황을 알아차릴 거예요.

시도 그래요. 윤동주 시인은 「반딧불」에서 "그믐달 반딧불은 / 부서진 달 조각"이랬어요. 이 시를 느끼려면 '그믐달'과 '반딧불'부터 이해해야 해요. 곤충인 반딧불을 직접 본 어린이는 드물 거예요. 그래도, 몸에서 빛을 내는 반딧불을 그림책이나 영상을 통해서 보기는 했을 거예요. 그믐달도 그믐날 동틀 무렵에나 잠깐 볼 수 있어서 직접 본 어린이는 흔치 않을 거예요. 그래도 달 모양

은 그믐으로 갈수록 점점 작아지기에 그믐달 모양을 생각할 수 있을 거예요. 이처럼, 때때로 우리는 직접 눈으로 보지 않았어도, 책과 영상을 통해 간접적으로 알아차릴 수 있어요.

　그러면 「반딧불」을 느낄 수 있어요. 윤동주 시인은 '반딧불이 불빛을 밝히는 까닭은 모양이 작아진 달 때문'이래요. 다시 말하면, '원래 달 모양은 둥글고 밝지만, 달 조각이 부서져서 그믐달이 되었고, 그 부서진 달 조각들이 바로 반딧불'이라는 기발한 생각을 한 것이에요. 그래서 윤동주 시인은 달 조각같이 예쁜 반딧불을 보러 "숲으로 가자"라고 독자의 마음에 속삭이고 있어요. 참 아름다운 시예요. 독자 여러분도 이처럼 멋진 시를 쓸 수 있어요. 순수한 창작이 아니더라도, 아름다운 시를 자기 생각과 느낌으로 바꿔 써 보는 일도 좋은 방법이에요. 그러려면, 먼저 아름다운 마음으로 세상을 바라보아야겠어요. 꽃향기는 꽃에서 풍기니까요.

• 아래의 두 물음을 읽고
  스스로의 생각을 자유롭게 써 보아요.

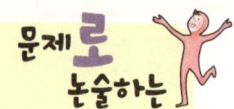

1. 윤동주 시인의 「반딧불」처럼, 인물이 등장하지 않는 시도 있어요. 그런데도, 시에는 어떤 이야기가 있어요. 인물이 나타나 있지 않은데, 어떻게 이야기가 생길 수 있을까요? 그 까닭을 자유롭게 써 보세요.

2. 마음에 드는 시를 한 편 고르세요.
   그러고는 앞의 동시를 참고하여, 그 시를 내 마음이 가는 대로 바꾸어 써 보세요.

3 설명하는 글을 요약하는 법과 쓰는 법

설명하는 글을 '요약'하는 좋은 방법은 무엇일까요?
'글의 틀'을 머릿속에 그리려면 글에서
무엇을 찾아야 할까요?
설명하는 글은 어떻게 쓰면 좋을까요?
설명하는 글을 요약하고,
설명하는 글을 써 보아요.

글을 요약해요

6층 탑

탑(塔)을 설명하는 글을 읽어요.
내일 발표 숙제가 있어서요.

중심 문장을 찾아 글의 틀은 이해했지만
어떻게 설명해야 할지 몰라 턱을 괴고 있어요.

글을 다시 찬찬히 읽어 보았어요.
글에서 비교와 대조가 보였어요.

비교는 여럿 가운데 공통점이어서
탑을 지은 목적이었어요.

대조는 여럿 가운데 차이점이어서
탑의 재료들이었어요.

비교와 대조를 찾아내자

줄기를 당기면 고구마가 줄지어 나오듯
열거가 뒤따랐어요.

열거는 특징의 나열이었어요.

종교 목적으로 지은 탑은
피라미드, 바벨탑, 석가탑이었어요.
나무로 지은 탑은
법주사 팔상전, 황룡사 9층 목탑이었어요.

글을 설명하는 다른 방법도 보였어요.
시공간이 바뀌는 순서를 설명하는 과정도 보였고
전체를 부분들로 나누어 설명하는 분석도 보였고
같은 것끼리 묶어서 설명하는 분류도 보였어요.

여섯 가지 설명 방법을 알고 나니
머릿속에 6층 탑을 쌓은 듯 자신감이 생겼어요.
발표는 내일인데 벌써 입이 간시러워요.

어떤 사실에 대하여 설명하는 글을 읽고, 그 내용을 '요약'하는 가장 좋은 방법은 무엇일까요? 요약(要約)은 한자어예요. 중요할 요(要), 묶을 약(約)이에요. 말 그대로, 요약은 '말이나 글의 중요한 내용을 간추린 묶음'이에요. 따라서, 설명하는 글을 요약하려면 글에서 중요한 내용만 간추려야 해요. 간추려야 할 중요한 내용은 무엇일까요? 그것은 글마다 달라요. 하지만, 공통점도 있어요. 그것은 글의 중요한 내용이 '글의 틀'을 이룬다는 것이에요. '글의 틀'은 무엇일까요? '글의 구조'라고도 일컫는 글의 틀은 '나무의 구조'와 같아요. 나무의 구조는 크게 보면 '뿌리, 줄기, 가지, 잎'으로 구분할 수 있어요. 겉에 드러나지 않은 뿌리는 글의 주제에 해당하고, 줄기는 글의 각 **문단**에 해당하고, **가지**는 글의 각 **문장**에 해당하고, **잎**은 글의 각 **낱말**에 해당해요.

따라서, 독자가 '글의 틀'을 머릿속에 그리려면, 각각의 문단에 있는 **중심 문장**을 발견해야 해요. 그 ==중심 문장들이 모여서 글의 틀을 이루기 때문==이에요. 중심 문장들을 찾았으면, 글을 요약하는 일은 식은 죽 먹기예요. 중심 문장들을 문단의 흐름에 따라 간추리면, 그것이 글의 요약이니까요. 그래서 글을 요약하면 저절로 글의 틀이 생겨요. 글의 틀은 대개는 '나무' 모양이에요. 나무를 거꾸로 그리든, 바로 그리든, 나무 모양으로 '글의 틀'을 그려 보아요. '글의 틀'을 그려 놓으면, 무엇을 설명하는 글에서 중요한 내용이 한눈에 들어와요. 글의 내용을 이해하기도 쉽고 기억하기도 좋아요.

설명하는 글을 쓸 때는 어떤 방법으로 쓰면 좋을까요? 여러 사실을 설명하는 글을 쓸 때는 다음의 여섯 가지 방

법을 이용하면 좋아요. 첫째는, '비교'하는 방법이에요. 비교는 두 가지 이상의 대상을 견주어 공통점을 검토하는 일이에요. 앞의 동시를 예로 들게요. 세상의 건축물 중에는 고층 빌딩이나 높은 돌기둥처럼 높이 세운 것이 많아요. 그중에서 탑(塔)이라고 일컫는 건축물에는 공통점이 있어요. 높이 세운 여러 건축물 중에서 탑은 종교, 기념, 송신, 군사, 예술, 관광 따위의 목적으로 세웠다는 것이 공통점이에요. 이처럼, 여러 대상을 견주어 검토하면 공통점을 찾을 수 있어요.

둘째는, '대조'하는 방법이에요. 대조는 두 가지 이상의 대상을 맞대어 차이점을 검토하는 일이에요. 이를테면, 탑에는 여러 종류가 있어요. 탑의 종류는 재료에 따라 차이점이 있어요. 석가탑이나 다보탑처럼 돌로 지은 탑은 돌탑이에요. 황룡사 9층 목탑처럼 나무로 지은 탑은 목탑이에요. 프랑스 파리의 유명한 에펠 탑처럼 철로 지은 탑은 철탑이에요. 서울 남산 꼭대기의 '엔(N) 서울

타워'처럼 콘크리트로 지은 탑은 콘크리트 탑이에요. 이처럼, 여러 대상을 맞대어 검토하면 차이점을 찾을 수 있어요.

셋째는, '열거'하는 방법이에요. 열거는 여러 대상의 특징을 낱낱이 늘어놓는 일이에요. 탑 중에서 종교적 목적으로 지은 유명한 탑으로는 피라미드, 바벨탑, 석가탑 따위가 있어요. 오래전에 나무로 지은 우리나라 탑으로는 법주사 팔상전, 황룡사 9층 목탑 등이 있어요. 기념을 목적으로 지은 탑으로는 프랑스의 에펠 탑, 미국의 워싱턴 기념탑, 오스트리아의 안나 기념탑 등이 있어요. 이처럼, '열거'는 대상의 특징을 살펴서 하나하나 늘어놓으며 설명하는 방법이에요.

넷째는, '과정'을 나타내는 방법이에요. 과정은 시간, 공간이 바뀌는 경로를 순서대로 나타내는 일이에요. 중국을 통해 불교를 받아들인 우리 조상들이 지은 탑들은 대

개는 법주사의 팔상전 모양처럼 여러 층의 누각으로 지은 목탑이었대요. 이런 목탑은 삼국 시대에 널리 지어졌고, 이후 통일 신라 시대와 고려 시대, 조선 시대에도 계속 지어졌지만, 목탑은 화재에 약하여 차츰차츰 견고하고 불타지 않는 석탑을 더 많이 짓게 되었대요. 이처럼, '과정'을 나타내는 글쓰기는 시간과 공간이 바뀌는 경로를 따라 설명하는 방법이에요.

다섯째는, '분석'하는 방법이에요. 분석은 전체를 여러 부분으로 나누어 설명하는 일이에요. 이를테면, 오래된 가톨릭의 교회 건축물에는 제대 위에 그리스도 '십자가상'도 있고, 신부가 설교하는 '설교단'도 있고, 예배에 참여하는 신자들이 앉는 자리도 넓게 차지해 있고, 사제가 신자의 고해를 듣는 작은 방인 '고해소'도 있고, 교회 건축물의 한쪽을 차지한 높은 '종탑'도 있어요. 이처럼, 분석은 전체의 구조를 여러 작은 단위로 나누어 설명하는 방법이에요.

여섯째는, '분류'하는 방법이에요. 분류는 어떤 기준으로 같은 것끼리 나누어 묶어 설명하는 일이에요. 예컨대, 우리나라 석탑을 층수로도 분류할 수 있어요. 우리나라의 삼층 석탑으로는 봉기동 삼층 석탑, 감은사지 삼층 석탑, 불국사 삼층 석탑 등이 있고, 오층 석탑으로는 왕궁리 오층 석탑, 탑리 오층 석탑, 봉정암 오층 석탑 등이 있어요. 그 외에도 심곡사 칠층 석탑, 평창 월정사 팔각 구층 석탑 등등, 석탑들을 층수로 묶어서 분류할 수 있어요. 이처럼, '분류'는 정해 놓은 기준에 따라 나누어 묶어 설명하는 방법이에요.

글을 쓸 때 여러 방법으로 설명하려면, 그 내용의 '근거가 되는 자료'를 적절히 찾아보아야 해요. 자료는 백과사전 같은 책일 수도 있고, 블로그 같은 인터넷 정보일 수도 있어요. 그런데, 주의할 점이 있어요. 그것은 찾은 자료의 내용이 사실에 기초한 것인지, 부적절하게 표현된 것은 아닌지를 확인하는 일이에요. 찾은 자료의 내용이

틀린 것이거나, 믿을 만하지 않을 때는 글쓰기의 자료로 삼으면 안 되어요. 그릇되거나 이치에 맞지 않은 자료는 또 다른 오류를 낳을 뿐이니까요.

• 아래의 두 물음을 읽고
  스스로의 생각을 자유롭게 써 보아요.

1. 땅속의 '나무뿌리'와 글 속의 '주제'에는 공통점이 있어요. 그것은 무엇일까요?

2. 국어 교과서에 실린 '설명하는 글' 한 편을 읽고, 그 글의 틀을 나무 구조 모양으로 그리세요.

4 문장의 구성을 이해하여 읽고 쓰기

문장을 구성하는 성분은 무엇일까요?
'주어'는 문장에서 어떤 역할을 할까요?
'서술어'는 문장에서 어떤 역할을 할까요?
'목적어'는 문장에서 어떤 역할을 할까요?
문장의 구성을 이해하여
글을 읽고 써 보아요.

글쓰기의 과정

국어 집안의 삼 형제

글이 되고 싶은 삼 형제가 길을 나섰어요.
글이 되려면 문장을 찾아야 했어요.

맏이의 이름은 주어였고
둘째의 이름은 목적어였고
막내의 이름은 서술어였어요.

삼 형제의 이름은 각기 달랐지만
국어의 집안에서 태어난 만큼
이름의 돌림자는 '어'였어요.

맏이, 주어는
동작이나 상태의 주체가 되는 말이었어요.

둘째, 목적어는
동작의 대상이 되는 말이었어요.

막내, 서술어는
주어의 동작, 상태, 성질을 풀이하는 말이었어요.

글의 문장을 찾아 길을 가도 가도
삼 형제는 문장을 찾지 못했어요.

나란히 앉아 한숨 쉬던 삼 형제는 놀랐어요.
주어, 목적어, 서술어 삼 형제가 나란히 앉으니
애타게 찾던 문장이 되었던 거예요.

삼 형제는 서로를 바라보며 깨달았어요.
각자가 문장에서 역할이 다르다는 것을요.
삼 형제가 떨어져선 문장이 못 된다는 것을요.

이후 삼 형제는 우애가 더욱 돈독해졌어요.
삼 형제는 글이 되고 싶을 때마다
나란히 앉아서 쓰고 싶은 글이 되었어요.

　간단한 문장을 생각해 보세요. '낙엽이 도로를 뛰어간다.' '새는 바람을 좋아한다.' '빛은 어둠을 밝힌다.' 이 세 문장에서 어떤 공통점이 보이나요? 세 문장 모두 '~(이, 는, 은)' '~를(을)' '~'하고 있어요. 그중 '~(이, 는, 은)'을 '주어'라고 해요. 주어(主語)는 한자어예요. 주인 주(主), 말씀 어(語)예요. 한자대로는, '주인이 되는 말'이지만, 주어는 '문장에서 동작이나 상태의 주체가 되는 말'이에요. 한자로 주인 주(主), 몸 체(體)인 주체(主體)의 말뜻은 '사물의 작용이나 어떤 행동의 중심이 되는 것'이에요. 따라서, 주어는 '한 문장에서 어떤 움직임이나 어떤 상태를 드러내는 주인'이에요. 앞의 예를 보아요. '도로를 뛰어가는' 주체는 '낙엽'이에요. '바람을 좋아하는'

4 문장의 구성을 이해하여 읽고 쓰기

주체는 '새'예요. '어둠을 밝히는' 주체는 '빛'이에요.

그런데, 주어만으로는 문장이 되지 않아요. '낙엽이 어쨌는지, 새는 어떠한지, 빛은 어떠한지'가 나타나야 문장이 되어요. 즉, 주어를 풀이하는 말이 뒤따라야 해요. 그 말을 '서술어'라고 해요. 서술어(敍述語)도 한자어예요. 차례 서(敍), 펼칠 술(述), 말씀 어(語)예요. 한자대로는, '차례로 펼치는 말'이지만, 서술어의 정확한 뜻은 '한 문장에서 주어의 움직임, 상태, 성질 따위를 풀이하는 말'이에요. 그래서 '서술어'를 '풀이말'이라고도 해요. 앞의 예에서 서술어를 찾아보아요. '뛰어간다.' '좋아한다.' '밝힌다.'예요. '뛰어간다.'라는 말은 주어의 움직임이고, '좋아한다.'라는 말은 주어의 상태이고, '밝힌다.'라는 말은 주어의 성질이에요.

그럼, 주어와 서술어만 있으면, 문장이 될까요? '낙엽이 뛰어간다.' '새는 좋아한다.' '빛은 밝힌다.'처럼 문장

은 되어요. 그런데, 주어와 서술어만으로는 문장이 어색할뿐더러, 뜻이 잘 통할 만큼 완결되어 있지는 않아요. 주어와 서술어만으로는 낙엽이 '어디를' 뛰어가는지, 새는 '무엇을' 좋아하는지, 빛은 '어디를' 밝히는지가 문장에 나타나 있지 않기 때문이에요. 그래서 안정된 문장이 되려면 '목적어'가 필요해요. 목적어(目的語)도 한자어예요. 눈 목(目), 과녁 적(的), 말씀 어(語)예요. 한자대로는, '눈으로 과녁을 보는 말'이지만, 목적어의 말뜻은 '한 문장에서 동작의 대상이 되는 말'이에요. 앞의 예에서 '동작의 대상'이 되는 말은 무엇인가요? 낙엽이 뛰어가는 대상은 '도로'예요. 새가 좋아하는 대상은 '바람'이에요. 빛이 환하게 밝히는 대상은 '어둠'이에요. 이처럼, 문장에는 문장을 구성하는 주어, 서술어, 목적어가 있어요. 사이다는 물과 설탕과 탄산이 적절히 섞여 있어야 맛이 나듯, 문장도 이 세 가지 성분으로 구성되어야 안정된 문장이 되어요.

• 아래의 두 물음을 읽고
  스스로의 생각을 자유롭게 써 보아요.

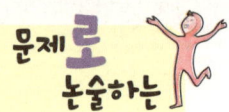

1. 앞의 수필에서 예를 든 문장들처럼 간단한 세 문장을 스스로 만들어 보세요. 그러고는 그 세 문장에서 각각 '주어, 서술어, 목적어'를 구분하세요.

2. '햄버거가 탄산음료와 어울려 마셔야 제맛을 느낀다.'
'자전거에 타면 바람이 머리칼에 휘날린다.'
'숙제가 많음으로 엄마의 도움을 요청받았다.'
이 세 문장을 문장의 호응 관계에 알맞게 고쳐 쓰세요.

5
'동형어'와 '다의어'를 이해하기

글자의 형태는 같지만, 뜻이 서로 다른 낱말을
무엇이라고 할까요?
두 가지 이상의 뜻을 가진 낱말을
무엇이라고 할까요?
'동형어'와 '다의어'를 구분하고,
그 낱말에 속한 뜻들을 알아보아요.

글쓴이의 주장

같지만 다른 말

청설모는 갈참나무에 달린
도토리를 따 먹으려고
나뭇가지 위를 쪼르르 달렸다.

어미 새의 바람은
새끼 새가 처음 날아내릴 때
착한 바람이 불어 주는 것이었다.

아빠와 치킨을 먹으며 축구 경기를 관람했다.
우리가 응원하는 팀이 네 골이나 먹었다.
선수들은 더 잘하려고 마음을 먹어야겠다.

엄마께서 차를 오래 운전하셔서 찻집에 들렀다.
나는 달콤한 코코아를 마셨고
엄마께서는 따뜻한 차를 마셨다.

아빠께서 불을 붙인 숯불이 빨갛게 피었다.
숯불 옆에 수선화가 피어 있었다.
불과 꽃이 붙어 있어서 숯불을 옮겼다.

가족과 함께 울릉도를 찾았다.
배에서 배를 너무 많이 먹은 탓인지
사르르 배가 아파 화장실을 찾았다.

사회 시간에 '인권'에 대해 토론했다.
선생님께서는 잠자코 학생들을 보셨고
나는 토론의 사회를 보았다.

첫눈이 오면 만나자는 친구에게 바람을 맞았다.
"친구네 동네에는 눈이 내리지 않은 걸까?"
나는 눈을 크게 뜨고, 눈을 맞으며 서 있었다.

수필로
이해하고

글자의 형태는 같지만, 뜻은 전혀 다른 낱말들이 있어요. 예컨대, '배'가 그래요. 낱말 '배'를 국어사전에서 찾으면 여러 뜻으로 따로따로 나와 있어요. 사람의 복부를 뜻하는 '배', 물 위를 떠다니는 교통수단을 뜻하는 '배', 과일 중 하나를 뜻하는 '배', 어떤 수나 양의 곱절을 뜻하는 '배'(倍), 우리의 전통 인사법인 절을 뜻하는 '배'(拜)도 있어요. 이 밖에도 '배'는 여러 뜻으로 쓰는 말이에요. 이처럼, 글자의 형태는 같지만, 뜻이 서로 다른 낱말을 형태가 같은 낱말 또는 동형어라고 해요. 동형어(同形語)는 한자어예요. 같을 동(同), 모양 형(形), 말씀 어(語)예요. 한자대로만 뜻을 풀면 '모양이 같은 말'이지만, 그 한자에는 '서로 다른 뜻을 가진'이라는 뜻풀이가 생략되어

5 '동형어'와 '다의어'를 이해하기   57

있어요.

그런가 하면, 한 낱말에 여러 뜻이 있는 말도 있어요. 앞의 동시에서처럼, '먹다'는 '입을 통해 음식을 배 속에 들여보내다'라는 기본 뜻이 있지만, '(축구 같은) 경기에서, 점수를 잃다'라는 뜻도 있고, '어떤 마음이나 감정을 품다'라는 뜻도 있어요. 이 밖에도, '먹다'는 '연기나 가스를 들이마시다', '욕이나 핀잔을 듣거나 당하다', '겁이나 마음에 충격을 느끼게 되다' 등등 여러 뜻으로 사용하는 낱말이에요. 이처럼, 두 가지 이상의 뜻을 가진 낱말을 다의어라고 해요. 다의어(多義語)도 한자어예요. 많을 다(多), 옳을 의(義), 말씀 어(語)예요. 한자대로만 뜻을 풀면 '많고, 옳은 말'이어서 아리송하지만, 그 뜻을 유연하게 풀이하면, '(한 낱말에 뜻이) 많고, (각각의 뜻들은) 일리가 있는 말'이라고 할 수 있겠어요. 다의어는 동형어와는 달리, 말뜻이 여러 방향으로 확장되어 사용되는 낱말이기 때문이에요.

    다시 말하면, 다의어는 기본 뜻을 여러 상황에 적용하여 사용하는 말이에요. 예컨대, '먹다'의 기본 뜻은 '입을 통해 음식을 배 속에 들여보내다'이지만, 사람들은 그 뜻을 일상생활에 적용하여 사용해 왔어요. 축구 경기에서 골을 먹는 것(실점), 어떤 마음을 먹는 것(결심), 연기를 들이마시는 것(흡입), 욕을 먹는 것(모욕), 겁을 먹는 것(공포) 따위가 그것이에요. 이때의 '골(goal), 마음, 연기, 욕, 겁'은 음식을 대신하여 우리 몸과 마음이 받아들이거나 당하는 대상이 되는 말들이에요. 이처럼, 다의어는 기본 뜻이 확장되어 있어요. 넓어진 그 뜻들은 오래전부터 사람들이 여러 상황에 적용해 왔기에 사전에 오를 만큼 굳어졌어요. 그러니, 다의어의 여러 뜻은 각각 '일리'가 있어요. 그래서 '다의어'의 글자 '의'를 뜻 의(意)가 아닌, 옳을 의(義)로 쓰지 않았을까요? 생각해 볼 일이에요.

5 '동형어'와 '다의어'를 이해하기

● 아래의 두 물음을 읽고
  스스로의 생각을 자유롭게 써 보아요.

1. 앞의 동시에서 '동형어'에 해당하는 말과 '다의어'에 해당하는 말을 구분하여 모두 찾아 쓰세요.

2. 앞의 동시를 참고하여, 둘 이상의 '동형어'와 '다의어'를 사용한 문장을 스스로 만들어 보세요.

6 토의의 절차와 방법을 이해하기

'토의'란 무엇일까요. 토의는 왜 하는 걸까요?
토의의 절차와 방법은 무엇일까요?
의견을 주고받을 때 주의할 점은
무엇일까요?
토의 주제를 정할 때 주의할 점은
무엇일까요?
토의 주제를 파악하고 의견을 나누어
보아요.

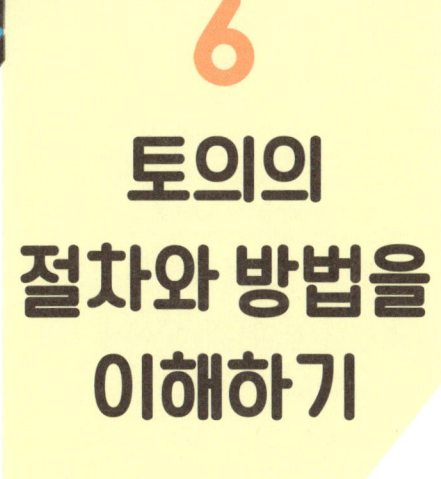

토의하여 해결해요

생쥐들의 토의

한밤에 생쥐들이 곳간에서 모였어요.
오늘은 **토의**하는 날이에요.

네모난 창으로 지켜보는 초승달이
네모난 멍석을 깔아 주었어요.

이번 **토의 주제**는
'고양이 피하기 대책 마련'이에요.

이 주제는 생쥐 모두에게 절실한 문제예요.
그동안 고양이에게 잡힌 생쥐가 많았어요.

생쥐들의 생사가 걸린 일이라 고심한
젊은 생쥐가 나서서 말했어요.

"고양이 위치를 알아낼 방법이 있어요.

고양이 목에 방울을 다는 거예요."

젊은 생쥐의 말이 끝나자마자
생쥐들은 기뻐서 손뼉을 쳤어요.

그때, 가장 나이 많은 생쥐가 말했어요.

"그런데, 누가 고양이 목에 방울을 달지?"

그 말이 끝나자마자 모두가 손뼉을 멈췄어요.
서로 얼굴만 바라볼 뿐 아무도 나서지 못했어요.

초승달이 슬며시 멍석을 접었어요.

토의 주제는
모두와 관련 있는 문제였지만
토의 방안은
실천할 수 있는 계획이 아니었어요.

자유롭게 색칠하여 그림을 완성해 보세요.

　앞의 동시 이야기는 이솝 우화예요. 고양이 목에 방울을 달 수만 있다면 방울 소리가 고양이의 위치를 알려 줄 거예요. 생쥐들이 달아날 여유가 생기는 거죠. 하지만 그 방안은 생쥐들로서는 이루지 못할 희망일 따름이에요. 그 일에 나서는 생쥐가 없을 테니까요. 혹시 용기를 낸 생쥐가 있어서 고양이가 잠든 틈을 노린다 해도, 들고 간 방울에서 울리는 소리가 고양이의 잠을 깨울 거예요. 그래서 그 계획은 꿈에 불과해요. 그런데도 고양이를 피할 수 있는 대책을 마련하고 싶은 생쥐들에게 그 방안은 귀가 솔깃한 제안임이 틀림없어요.

　허망한 계획이어서 토의는 중단되었지만, 이솝 우화

에서도 생쥐들이 모여서 토의할 만큼, 어느 사회에서나 토의할 문제는 있기 마련이에요. 그 규모가 전 세계이든, 한 나라이든, 한 지역이든, 한 동네이든, 한 학교이든, 한 학급이든 말이에요. '토의'란 무엇일까요? ==토의==(討議)는 한자어예요. ==칠 토==(討), ==의논할 의==(議)예요. ==토==(討)가 '치다, 때리다'라는 뜻이니, 옛날에는 토의할 때 격렬하게 다투었나 봐요. ==토의==의 말뜻이 '==어떤 문제에 대하여 여러 사람이 협력해 해결하는 방법=='이니, 전쟁이나 권력 다툼 같은 중요한 문제를 놓고 의견이 맞섰을 때는 결정 과정에서 큰 싸움이 생길 만도 했을 거예요.

하지만, 오늘날 ==민주주의 사회에서는 절차와 방법에 따라 토의를 진행해요==. 우선, 토의에 참여한 사람들끼리 ==문제 상황==을 함께 생각해요. 그러면, ==토의 주제==를 정할 수 있어요. 다음은, 각자가 ==의견을 마련==해요. 그러고 나서, 여러 ==의견을 모아==요. 끝으로, 참여자들끼리 의견을 주고받아서 ==의견을 결정==해요. ==의견을 주고받는 일==이 토의할 때

가장 중요한 과정이에요. 왜냐하면, 그것은 의견마다 장단점이 무엇인지를 살피는 일이니까요. 그런데, 의견을 주고받을 때는 주의할 점이 있어요. 첫째, 어떤 의견이 토의 주제에 맞는 내용인지를 판단하는 일이에요. 둘째, 그 의견이 알맞은 주장과 적절한 근거를 나타냈는지를 판단하는 일이에요. 셋째, 그 의견이 문제 해결을 위하여 실천할 수 있는 내용인지를 판단하는 일이에요. 토의 주제를 정할 때도 주의할 점이 있어요. 그것은 첫째, 참여자 모두와 관련한 주제인지를 판단하는 일이에요. 둘째, 문제를 해결할 방법을 찾을 수 있는 주제인지를 판단하는 일이에요. 셋째, 당면한 문제에 변화를 끌어낼 수 있는 주제인지를 판단하는 일이에요. 그리고 이런 조건들을 모두 갖춘 좋은 의견이 많을 때는 여러 가지 의견을 정할 수도 있어요. 또는, 소수의 의견이라도 문제 해결에 도움이 된다면 받아들일 수도 있어요. 따라서, 토의할 때는 절대로 칠토(討)가 되어서는 안 되어요. 토의는 서로를 존중하며 협력하여 의논하는 일이니까요.

• 아래의 두 물음을 읽고
  스스로의 생각을 자유롭게 써 보아요.

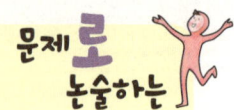

1. '토의'와 '회의'는 같을까요, 다를까요? '토의'와 '회의'의 같은 점과 다른 점을 스스로 찾고 생각하여 각각 쓰세요.

2. 열심히 토의하였는데도 문제 해결 방안을 찾지 못했다면, 그 토의를 어떻게 마치면 좋을까요? 스스로 생각하여 쓰세요.

7

'여정, 견문, 감상'을 적은 기행문 쓰기

기행문이란 무엇일까요?
기행문은 언제 쓰면 좋을까요?
기행문에 꼭 적어야 할 세 가지 내용은 무엇일까요?
즐거운 마음으로 여행을 다녀와
'여정, 견문, 감상'을 적은
기행문을 써 보아요.

행문네 집 마당

기 씨 가문의 **행문**이 여행을 다녀오면
새로운 세 친구가 **행문**네 집 마당에 모여요.
친구들은 매번 달라도 이름들은 같아요.
세 친구의 이름은 여정, 견문, 감상이에요.

행문네 집 마당은 처음에는 깨끗해요.
네모난 마당은 늘 함박눈에 덮여 있어요.
세 친구는 마당에 한 줄씩 발자국을 찍어요.

먼저 여정이 또박또박 마당을 걸어요.
여정의 발자국은 시계와 지도 모양이에요.
그래서 여정의 발자국은
여행 일정을 시간과 장소로 나타내요.
여정은 자기 발자국 위에
여행지에서 받은 입장권을 놓아두기도 해요.

여정이 찍은 발자국 사이사이에
견문도 분명한 발자국을 남기며 걸어요.
견문의 발자국은 눈과 귀 모양이에요.
그래서 견문의 발자국은
여행하며 보고 들은 것들을 나타내요.
견문은 자기 발자국 위에
여행지에서 찍은 사진을 놓아두기도 해요.

여정과 견문의 발걸음에 이어서
감상이 깊이 새긴 발자국을 남기며 걸어요.
감상의 발자국 모양은 다양해요.
그래서 감상의 발자국은
여행에서의 생각과 느낌을 나타내요.
감상은 자기 발자국 위에 항상
여행지에서 간직한 마음을 놓아두어요.

집 마당의 감나무에 참새들이 모여 앉아
세 친구의 발자국을 재미있게 읽어요.

　여행은 즐거워요. 내키지 않은데 따라간 여행은 즐겁지 않을 수 있겠지만요. 하지만, 대개의 여행이 즐거운 까닭은 오늘이 어제 같은 일상생활에서 벗어나 낯선 곳에서 새로운 경험을 하게 되기 때문일 거예요. 그래서 여행은 집에서 먼 곳으로 갈수록 여행자의 마음을 들뜨게 해요. 그곳이 산속이든, 강가이든, 섬이든, 바닷가이든, 크고 화려한 도시이든, 작고 한적한 시골이든 말이에요. 그리고 모든 여행지에는 새로운 볼거리와 먹거리가 있어서 여행자의 눈과 입과 마음을 즐겁게 해요.

　여행이 즐거웠다면 기행문을 쓰는 일도 즐거워요. 글 쓰는 동안에 생각하는 일이 싫지 않다면 말이에요. 생각과 느낌이 연필을 움직이니까요. 그래서 기행문은 여행 중에 느낌을 살려 쓰기도 하고, 여행을 마치고서 여행을 떠올리며 흐뭇한 마음으로 쓰기도 해요. 여행에서 돌아온 지 며칠 안 되었을 때는 여행지에서의 경험과 기억이 머릿속에 생생히 남아 있어요. 그래서 기행문은 가급적 여행 직후에 쓰면 쓸 이야기도 많고, 쓰고 싶은 내용도 많아요.

==기행문==은 '여행하면서 ==보고, 듣고, 느끼고, 겪은 것을 쓴 글=='이에요. 그래서 기행문은 여행의 일정, 보고 들은 경험, 여행지에서 생각하고 느낀 점을 쓰기 마련이에요. '==여==행 일==정=='은 여행하게 된 까닭에서부터 언제 어디를 어떤 교통편으로 다녔는지를 나타낸 여행 과정이에요. 그것을 ==여정==(旅程)이라고 해요. 한자로는 ==나그네 여==(旅), ==길 정==(程)이에요. 나그네는 여행자이니 '여행자가 가는 길'이어서 ==여정==은 '==여행의 과정이나 일정=='을 뜻해요. 따라서, 기행문에서 여정을 쓸 때는 '시간과 장소'를 중심으로 표

현해요. 그래서 여정을 적은 기행문에는 방문한 곳의 입장권을 붙이기도 해요. 여행지에서 언제 어디를 방문했으면, 어떤 장소에서 보거나 들은 것이 있을 거예요. 그 경험을 견문(見聞)이라고 해요. 그 한자는 말 그대로 볼 견(見), 들을 문(聞)이에요. 따라서, 견문은 '여행하며 보거나 들은 것'을 뜻해요. 이렇듯, 여행 중에는 보고 들을 일이 많으니 견문 경험도 기행문에 쓸 내용이에요. 견문을 적은 기행문에는 마음에 와닿은 장면을 찍은 사진을 붙이기도 해요. 그리고 언제 어디에서, 무엇을 보거나 어떤 말을 들으면서, 여행자는 어떤 생각을 하게 되고 어떤 느낌을 받기 마련이에요. 그 활동을 감상(感想)이라고 해요. 이 한자도 말뜻대로 느낄 감(感), 생각 상(想)이에요. 따라서, 감상은 '여행하는 동안의 생각과 느낌'을 뜻해요. 기행문에서 감상을 적은 내용을 치킨에 비교하면 다리 살과 같아요. 여정과 견문만 적은 기행문은 기록에 불과해요. 그 기행문에는 생각과 느낌이 없으니, 여행을 몸만 다녀온 것과 같아요.

• 아래의 두 물음을 읽고
  스스로의 생각을 자유롭게 써 보아요.

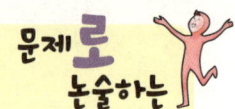

1. 기억에 남은 여행을 떠올려서 '여정, 견문, 감상'을 적은 기행문을 쓰세요.

2. 가족 여행을 앞두고 '여행 계획'을 세워 보았나요? 어디든 여행지를 가정하여 자세한 여행 계획을 글과 표로 표현하세요.

8
'단일어'와 '복합어'를 이해하기

'두 낱말을 합한 낱말'이거나
'한 낱말에 어떤 뜻을 보태는 말을 합한 낱말'을
무엇이라고 할까요?
'한 낱말의 글자를 나누면 본뜻이 사라져서
나눌 수 없는 낱말'을
무엇이라고 할까요?
'복합어'와 '단일어'를 알아보아요.

아는 것과
새롭게 안 것

낱말에 낱말을 더하면

햇병아리가 맨발로 맨땅을 걸어요.
알껍데기를 깨고 나와 첫나들이 하는 거예요.

비바람 그치고 먹구름 사이로
고개 내민 해님이 쌍무지개를 띄웠어요.

햇살이 쥘부채 같은 구름다리 모양으로
풋내기의 바깥나들이를 축하해 주어요.

암탉이 한걱정을 홑볏에 세우고
갓난아기 풋병아리를 뒤따라요.

쏜살같은 참매가 낚아채 갈까 봐
종종걸음으로 솜병아리를 따라붙어요.

나팔꽃 꽃송이를 괴롭히던

심술쟁이 하룻강아지가 덩달아 신났어요.

대추나무에 앉은 장난꾸러기 참새가 떨어뜨린
풋대추가 햇강아지의 뒷머리를 맞혔어요.

꼬리털 아래로 데구루루 구른 햇대추가
실개울에 흘러들어 연못에 빠졌어요.

날먹이로 착각한 비단잉어가 물었다 뱉은
대추를 띄워 놓고 금붕어들이 공놀이해요.

어느새 초저녁이 되어 저녁연기가
초가지붕 위에 센머리를 풀어 놓아요.

산마루에 뜬 반달이 입을 크게 벌려
샛별 박힌 밤공기를 한입 베어 먹어요.

―낱말에 낱말을 더하면 비빔밥이 되어요.

　한국어의 낱말은 참 많아요. 하지만, 한국어(韓國語), 대한민국(大韓民國)이라는 낱말이 한자어인 만큼, 우리말에는 한자에서 비롯된 낱말들이 무척 많아요. 옛날에 우리나라가 중국의 영향을 많이 받았기 때문이에요. 그래도, 국어에는 순우리말도 많아요. '고유어'라고도 하는 순우리말 가운데는 아름다운 말들이 꽤 많아요. '해, 달, 별, 바람, 비, 눈, 안개, 이슬, 바다, 땅, 집, 마당, 나무, 꽃, 열매, 아침, 낮, 밤, 사랑, 꿈' 따위의 말들을 가만히 소리 내어 읽어 보세요. 입안에 감기는 말소리들이 느껴지나요? 참 정다운 말들이에요.

　그런데, 한자에서 비롯된 한국어이든, 우리의 고유한

순우리말이든 낱말은 새로운 낱말들을 만들어요. 아니, 필요에 따라 사람들은 이미 있는 낱말에 다른 낱말을 보태서 새로운 낱말을 만들어요. 예컨대, '거울'은 옛날에는 휴대용은 없었지만, 어느 때부터는 손에 쥘 수 있는 거울이 생겨나면서 '휴대용 거울'을 따로 일컬어야 할 필요가 생겼어요. 그래서 사람들은 '휴대용 거울'을 '손거울'이라고 부르기 시작했어요. '가지고 다니기 편하게 만든 작은 거울'이기에 '손거울'이라고 이름 붙인 거예요. 그래야 일반 사람들이 그 새로운 낱말의 뜻을 쉽게 알아차릴 수 있을 테니까요. 그러면서 낱말들의 이름에도 규칙이 생겼어요. 손거울뿐만 아니라, 어떤 물건을 뜻하는 낱말 앞에 우리 몸의 일부인 '손-'이라는 말을 붙이면, 쉽게 손으로 사용할 수 있는 새 물건을 뜻하는 말이 되었어요. 손수건(손+수건), 손수레(손+수레), 손전등(손+전등), 손저울(손+저울) 따위의 낱말들이 그래요.

손거울(손+거울)처럼 **어떤 뜻이 있는 두 낱말을 합한**

낱말이나, 뒷머리(뒷+머리)처럼 한 낱말에 어떤 뜻을 보태는 말을 합한 낱말을 '복합어'라고 해요. 복합어(複合語)는 한자어예요. 겹칠 복(複), 합할 합(合), 말씀 어(語)예요. 그래서 복합어는 쉽게 말하면 '(서로 다른) 말을 잇거나 합한 말'이에요. 앞의 동시의 여러 복합어처럼 '복합어'는 무척 많아요. 반면에, '구름, 걱정, 저녁, 공기' 따위의 낱말들을 보세요. 예컨대 '구름'처럼 '구'와 '름'으로 낱말을 나누면 본뜻이 사라져서 나눌 수 없는 낱말을 '단일어'라고 해요. 단일어(單一語)도 한자어예요. 혼자 단(單), 하나 일(一), 말씀 어(語)예요. 그래서 단일어는 쉽게 말하면 '하나일 수밖에 없는 말'이에요. 앞의 동시에서 복합어를 이룬 낱말인 '바람, 무지개, 부채, 나들이, 연기' 따위가 '단일어'예요. 이처럼, 덧셈 같은 우리 낱말들의 짜임을 이해하면 말뜻도 알아차리기 쉽고, 읽는 재미도 있어요.

• 아래의 두 물음을 읽고
  스스로의 생각을 자유롭게 써 보아요.

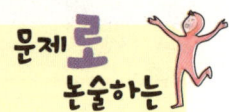

1. 복합어인 '민가락지, 민저고리, 민돗자리, 민소매, 민무늬'에서 '민-'이 나타내는 말뜻은 무엇일까요? 그 뜻을 찾아 쓰세요.

2. 스스로 생각하여 국어사전에 실리지 않은 '복합어'를 만들어 보세요.

9

'설명하는 글'과 '주장하는 글'을 읽는 법

'설명하는 글'을 읽는 때는 어떻게 읽는 것이 효과적일까요?
설명하는 글을 읽을 때 고려할 점은 무엇일까요?
'주장하는 글'을 읽을 때 고려할 점은 무엇일까요?
설명하는 글과 주장하는 글을 읽는 법을 알아보아요.

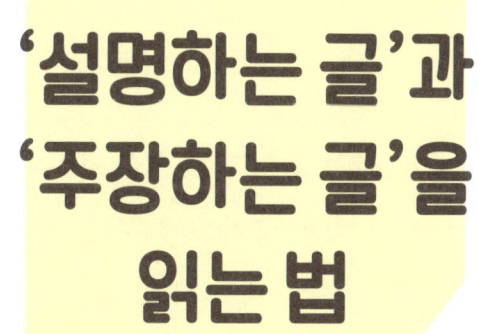

여러 가지 방법으로 읽어요

좁혀 가며 책 읽기

설명하는 글이 실린 책을 보아요.
책의 모양, 크기, 두께부터 보아요.
책의 모습은 책의 성격을 나타내요.

앞표지를 보아요.
디자인을 보고 **책 제목**을 읽어요.
책 제목은 책 내용을 한마디로 말해요.

뒤표지를 보아요.
뒤표지의 문장을 읽어요.
뒤표지의 문장은 그 책의 장점을 광고해요.

앞표지의 책날개를 보아요.
책날개에 소개한 **지은이 소개**를 읽어요.
지은이가 어떤 인물인지 살펴보아요.

책머리를 읽어요.
책머리에는 지은이가 책을 쓴 까닭과
책의 알맹이가 간추려 있어요.

차례를 읽어요.
차례를 살피면 책의 뼈대와
글이 실린 순서를 알 수 있어요.

필요한 글을 찾아 읽어요.
글을 읽을 때는 글의 몸집을 확인하고
일단 전체 내용을 훑어보아요.

훑어본 글에서 **필요한 내용**을 찾아요.
찾은 대목에 눈썹을 그려 주어요.
메모할 내용은 공책에 간추려요.

이야기책은 시작부터 끝까지 다 읽지만
설명하는 글은 필요한 지식을 찾아 읽어요.

　동화나 소설 같은 이야기책은 이야기의 부분만 읽으면 그 흐름을 알 수 없어요. 이야기책은 처음부터 끝까지 다 읽어야 줄거리는 물론이고 전체 이야기를 알 수 있어요. 반면에, 지식을 설명하는 책은 책 속에 묶인 글마다 다른 정보가 서술되어 있기에 독자는 자신에게 필요한 글만 찾아 읽어도 되어요. 어떤 경우는 한 편의 글에서도 필요한 내용만 가려 내 읽을 수도 있어요. 예컨대, 우리나라 전통 놀이인 '윷놀이'에 대하여 알고 싶어서 책을 찾아 읽는다면, '썰매 타기'나 '연날리기'를 설명하는 대목은 건너뛰어도 되어요. 또, 실내나 마당에서 하는 놀이를 설명하는 글을 읽더라도 '실뜨기'나 '공기놀이' 대목은 건너뛰고 '윷놀이'에 해당하는 부분만 읽어도 되어요.

이처럼, 지식을 설명하는 글은 효과적으로 읽으면 노력과 시간을 아낄 수 있어요. 그러려면 읽으려는 글이 자신에게 필요한 내용인지를 알아야 해요. 그래서 그럴 때는 글을 처음부터 끝까지 자세히 읽기보다 제목을 보고 내용을 짐작하거나, 글을 훑어보는 것이 좋아요. 글을 훑어볼 때는 문단 중심으로 읽으면 좋아요. 문단에는 중심 문장이 있으니 그 문장을 중심으로 글 전체를 훑어보는 거예요. 그러면서 자신에게 필요한 문장을 발견하면 밑줄을 긋거나 색연필로 괄호 표시를 해 두면 그 글을 자세히 읽고 정리할 때 효과적이에요.

지식을 설명하는 글을 읽을 때는 고려할 점이 있어요. 네 가지를 생각하면서 글을 읽으면 그 내용이 머릿속에 정리가 잘 되어요. 첫째, '무엇을 설명하는 글인가?'예요. 예컨대, 우리 전통 놀이를 설명하는 글이에요. 둘째, '설명하는 내용은 무엇인가?'예요. 이때, 설명하는 내용이 정확한지를 확인하려면 다른 자료를 함께 찾아보는 것도

좋아요. 셋째, '글에서 내가 이미 알고 있는 내용은 무엇인가?'예요. 넷째, '글에서 내가 새롭게 안 내용은 무엇인가?'예요.

무엇을 주장하는 글을 읽을 때도 고려할 점이 있어요. 네 가지를 생각하면서 글을 읽으면 글의 내용이 잘 정리되어요. 첫째, '글쓴이의 주장은 무엇인가?'예요. 둘째, '주장을 뒷받침하는 근거는 무엇인가?'예요. 무엇을 주장하려면 까닭이 있어야 해요. 그 까닭이 주장을 뒷받침하는 근거가 되어요. 셋째, '주장과 근거가 적절한가?'예요. 적절한 주장에는 타당한 근거가 있어요. 넷째, '글쓴이의 주장이 내 생각과 같은 점은 무엇이고, 다른 점은 무엇인가?'예요. 글쓴이의 주장이 내 생각과 다르다면, 다르게 생각하는 내 생각에도 타당한 근거가 있어야 해요. 흔히 말하는, '그냥'이라는 말은 참 무책임한 말이에요.

• 아래의 두 물음을 읽고
  스스로의 생각을 자유롭게 써 보아요.

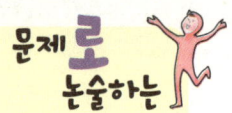

1. 우리는 종종 "그냥."이라고 말하곤 해요. 생각해 보면 '까닭'이 있음에도 말이에요. 그 '까닭'은 무엇일까요? 한 가지 예를 들어 답변하세요.

2. '지식을 설명하는 글'처럼 '무엇을 주장하는 글'도 자세히 읽기 전에 훑어보는 것이 효과적인 독서일까요? 근거를 들어서 답변하세요.

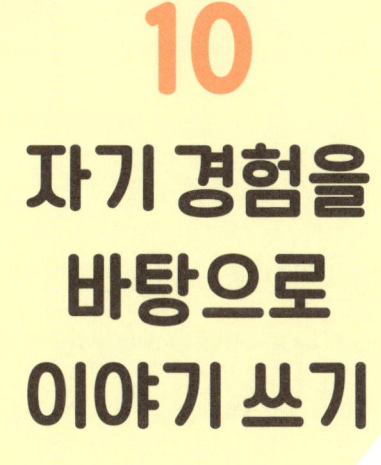

10 자기 경험을 바탕으로 이야기 쓰기

동화나 소설 같은 '이야기'를 구성하는 세 가지 요소는 무엇일까요? '일기'와 '이야기'의 차이점은 무엇일까요? 글쓴이가 주인공인 이야기는 어떻게 쓰면 좋을까요? 남들이 흥미로워할 자기 경험을 이야기로 써 보아요.

주인공이 되어

내가 주인공인 이야기

동화에는 주인공이 있고
소설에도 주인공이 있고
주인공의 이야기를 읽는 나는
내 인생의 주인공이다.

내 인생에 항상 등장하는 나는
읽고 쓰고 말하고 듣고
생각하고 느끼고 배우고 익히고
만나고 놀고 일하고 잠잔다.

'~고'와 '~하고'가 이어지는
어느 날은 사건이 생긴다.
기쁘고 슬프고 화나고 즐거운
사건들은 마음속에 오래 남는다.

사건은 말로 남는다.

주고받은 말과 말이 뜨개질한다.
한 코 한 코 짜인 대화가
이야기에 무늬를 만든다.

이야기에는 주인공이 있다.
내 이야기는 내가 주인공이고
친구의 이야기는 친구가 주인공이다.

이야기에는 흐름이 있다.
그 물결에는 배경이 있고 인물이 있다.
인물과 인물 사이에는 사건이 있다.
사건은 발단과 전개를 지나 절정에 올랐다가
결말에서 마무리된다.

이야기는 독자를 기다린다.
일기는 내가 독자이지만
이야기는 남들이 독자다, 그래서
이야기는 남들을 생각해 써야 한다.

　동화나 소설은 이야기예요. 이야기에는 사건이 있어요. 사건은 인물과 인물 사이에서 생겨나요. 또 사건은 언제 어디에서 일어나요. 그래서 모든 이야기에서는 언제 어디에서 누군가와 누군가가 어떤 사건을 벌여요. 사건의 중심에는 주인공이 있어요. 주인공은 다른 인물과 관련이 있어요. 주인공과 다른 인물의 관계는 이야기의 흐름에 따라 바뀌기도 해요. 처음에는 친했다가 갈등을 겪기도 해요. 반대로, 처음에는 갈등을 겪다가 결말에서는 친해지기도 해요. 이야기의 내용은 작품마다 다르지만, 이야기의 흐름은 비슷해요. 이야기의 앞부분에서는 배경(때와 장소)과 인물을 설명해요. 그다음은 인물들 사이에서 사건이 일어나요. 사건은 진행될수록 뜨개질처럼 이야기에 모양과 무늬를 만들어요. 그러다가 인물들끼리의 갈등이 절정에 다다라요. 이야기의 끝에서는 사건이 마무리되어요.

이처럼 사람들이 즐겨 읽는 이야기에는 '언제 어디에서 주인공과 다른 인물들 사이에 일어난 사건'이 있어요. 그것이 '인물, 사건, 배경'이라는 이야기의 세 가지 요소예요. 모든 이야기는 사람이 살아가는 얘기여서 인생을 말하고 있어요. 이야기 속의 등장인물이 동물이나 식물이어도 마찬가지예요. 그 동식물들은 결국 사람들의 인생을 빗대어 이야기하고 있으니까요. 그러니, 누구나 이야기 속의 인물이 될 수 있어요. 더구나, 자신이 겪은 일을 자신이 직접 이야기로 쓴다면, 그 주인공은 바로 자신이에요. 어른이든 어린이이든 누구나 인생을 살고, 그 인생의 주인공은 바로 당사자이니까요. 그럼, 자신이 주인공인 이야기는 어떻게 쓸 수 있을까요?

　우선은 이야기가 될 만한 일(사건)이 있어야겠어요. 기억에 남은 일을 떠올려 보아요. 기억 속의 일은 자신이 직접 겪은 일일 거예요. 그 경험이 '인물, 사건, 배경'의 요소를 갖춘 이야기가 될지를 생각해요. 그리고, 사건에 높낮이가 있는 이야기의 흐름이 있는지도 생각해요. 사건 없는 고만고만한 평범한 일상을 이야기로 쓴다면 독자의 관심을 끌기는 힘들 거예요. 그런 내용은 일기는 될 수 있어도 이야기로서는 독자의 흥미를 끌 수 없어요. 일기의 독자는 글쓴이이지만, 이야기의 독자는 남들이기 때문이에요. 따라서, '이야기'는 남들이 흥미로워할 만한 내용일수록 좋아요. 그래서 이야기는 대화를 중심으로 내용을 진행해요. 대화는 주고받는 말이고, 독자는 이야기 속의 인물들이 주고받는 말을 통해 사건에 대하여 생각하고 느껴요. 그래서 탁월한 이야기에는 독자의 마음을 치는 대화가 쓰여 있어요. 말[言]은 이야기를 끌고 가는 말[馬]이에요.

• 아래의 두 물음을 읽고
 스스로의 생각을 자유롭게 써 보아요.

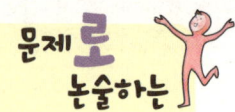

1. 독자가 다르다는 것 말고, '이야기'와 '일기'의 차이점은 무엇일까요? 자유롭게 생각하여 쓰세요.

2. '이야기'에서는 등장인물끼리 주고받는 '대화'가 중요한 역할을 해요. 왜 그럴까요? 스스로 생각하여 쓰세요.

11 상대의 말을 경청하며 대화하기

대화 상대와 어떻게 말을 주고받으면 좋을까요?
대화 상대의 처지나 기분 상태를 헤아리는
좋은 방법은 무엇일까요?
상대의 말에 공감하며 대화하는 방법은
무엇일까요?
상대의 말을 경청하며 대화해 보아요.

마음을 나누며
대화해요

조종사의 이름

혼잣말은 혼자 하는 말.
내 마음의 말소리를
나에게 들려주는 말.

주고받는 말은 대화.
상대와 내가 귀로 듣고
상대와 내가 입으로 하는 말.

입에는 마음 근육이 있어서
마음이 움직이는 대로 말하네.

어떤 마음은 상대 귀를 무시하여
마음 근육이 불끈불끈 말하네.

어떤 마음은 상대 귀를 존중하여
마음 근육이 다독다독 말하네.

귀에도 마음 근육이 있어서
마음이 움직이는 대로 듣네.

어떤 마음은 상대 입을 무시하여
마음 근육이 귀를 쾅! 닫네.

어떤 마음은 상대 입을 존중하여
마음 근육이 귀를 활짝 여네.

대화는 입과 귀로 하는 것 같고
표정과 몸짓이 돕는 듯하지만

입과 귀와 표정과 몸짓을 움직이는 건
보이지도 잡히지도 않는
어떤 조종사의 동작이네.

그 조종사의 이름은 '마음'이네.

혼잣말을 해 보았나요? 혼잣말은 말 그대로 '말하는 상대 없이 혼자 하는 말'이에요. 그래서 혼잣말은 자신도 모르게 내뱉는 말이에요. "아차! 준비물, 깜빡했다." 등 곳곳에서 이런 혼잣말을 해 본 학생이 적지 않을 거예요. 그래서 혼잣말은 '말'이라기보다는 저절로 표출된 자기 마음의 소리예요. 혼잣말이 아닌 모든 말은 '대화'예요. 대화(對話)는 한자어예요. 마주할 대(對), 말씀 화(話)예요. 말 그대로 대화는 '누군가와 마주하여 주고받는 말'이에요. 물론, 마주하지 않은 사람과도 전화로 대화할 수 있어요. 문자 메시지나 누리 소통망 같은 SNS를 통해 단둘이, 또는 여럿이서 대화할 수도 있어요. SNS는 'Social Network Service'(소셜 네트워크 서비스)를 줄인 말이에요.

혼잣말은 자신에게 하는 말이어서, "에이, 바보같이! 준비물도 못 챙기고……" 식으로 한심한 자신을 나무라기도 해요. 하지만 대화는 상대와 주고받는 말이기에 자칫 함부로 말하면 상대의 마음에 상처를 내곤 해요. 그래서 상대가 친구이든, 동생이든, 부모님이든, 선생님이든, 이웃이든, 대화할 때는 우선 상대의 처지를 가늠해야 해요. 누군가와 대화할 때는 상대의 입장이나 기분 상태를 헤아려야 한다는 말이에요. 그때는 '내가 상대의 처지라면……' 하고 생각하면 상대의 입장을 알아차리기 쉬워요. 그러려면, 상대의 말을 경청해야 해요. 경청(傾聽)은 한자어예요. 기울일 경(傾), 들을 청(聽)이에요. 말 그대로 경청의 뜻은 '귀 기울여 들음'이에요. 상대의 말을 귀 기울여 듣는 태도는 상대를 존중하는 마음가짐에서 비롯되어요.

상대의 처지를 알아차리면 '공감'할 수 있어요. 공감(共感)도 한자어예요. 함께 공(共), 느낄 감(感)이에요. 그래서 공감은 '(남의 의견과 감정을) 나도 함께 인정하는 감정'이에요. 대화하는 상대가 내 말에 공감한다면, 그 대화는 뜻깊고 즐거울 거예요. 공감의 힘은 커요. 대화하는 상대가 내 말을 귀담아듣고, 내 처지를 알아차리고, 내 생각과 감정에 공감하면, 나는 상대에게 내 속마음도 말할 수 있게 되어요. 그러면 상대도 나에게 자기 마음을 투명하게 드러내며 말하게 되어요. 공감하는 대화는 직접 마주할 때뿐만 아니라, '누리 소통망' 같은 SNS 활동에서도 마찬가지로 중요해요. 글은 말에서 비롯되었으니, 문자 대화를 할 때도 상대가 올린 글을 눈여겨 읽고, 상대의 처지를 이해하고, 상대가 표현한 생각과 감정에 공감하는 태도를 나타낸다면, 대화에 참여한 모두가 즐거운 대화를 나눌 수 있어요. 앞의 동시에서처럼, 모든 대화는 '마음 근육'이 움직이는 대로 표현되어요.

• 아래의 두 물음을 읽고
  스스로의 생각을 자유롭게 써 보아요.

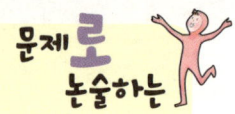

1. 직접 마주하여 주고받는 대화와 '누리 소통망' 같은 SNS를 통해 주고받는 대화의 차이점은 무엇일까요? 자신의 경험을 떠올려 쓰세요.

2. 나는 대화 상대의 말을 경청하며 예의 바르게 말하는데, 상대는 그러지 않는다면, 그때는 어떻게 대화하면 좋을까요? 가만히 생각하여 쓰세요.

12
지식과 경험을 떠올려 글 읽기

'설명하는 글'을 처음 읽을 때
어떻게 읽으면 좋을까요?
설명하는 글을 읽을 때 지식과 경험을 활용하여
읽으면 좋은 점은 무엇일까요?
지식과 경험을 떠올려
설명하는 글을 읽어 보아요.

지식이나 경험을
활용해요

글 걷기

한 독자의 **지식**과 **경험**이
숲 생태를 설명하는 글을 함께 걸어요.

독자의 **지식**과 **경험**이 처음 걷는 글이지만
아주 낯설지만은 않아요.

둘이 함께 새로운 글을 걸으며
숲속 식물과 동물의 '한살이' 지식을
처음 만났지만 금세 사귀어요.

독자의 **지식**은
식물의 번식 방법을 알고 있고
동물의 난생과 태생도 알고 있으니까요.

독자의 **경험**은
씨앗과 꽃과 열매를 보아 왔고

달걀과 어린 강아지를 보았으니까요.

그래도 글의 길은 평탄하진 않아요.
비탈길에서 처음 만난 '미생물' 지식은
이름도 낯설고 보이지도 않아서
사귀기가 쉽지 않아요.

독자의 지식과 경험이 한 발 한 발
글을 살펴 걸으며 의논해요.

독자의 지식과 경험이
미생물을 소개하는 문장을 되짚어 걸어요.
미생물 중에는 버섯도 있고 세균도 있다는 걸
읽고는 지식과 경험은 알아차려요.

경험이 먼저 무릎을 쳐요, 곧바로
지식도 미생물의 생태를 머릿속에 넣어요.
미생물은 왜 동물도 식물도 아닌지 알았어요.

초등학교에 입학했을 때를 떠올려 보세요. 그때와 비교하면 지금은 어떤가요? 그동안 몸도 자랐고, 아는 것도 많아졌고, 경험도 늘었을 거예요. 그래서 초등학교 저학년용 책을 읽으면, 그 또래보다 빨리 읽을 수 있고 책 내용도 쉽게 이해할 거예요. 처음 읽는 책인데도 말이에요. 몇 년 사이에 배운 지식과 겪은 경험이 독서 능력을 높여서 독서 활동을 돕기 때문이에요. 그뿐 아니라, 초등학교 고학년이 읽기에 적당한 글을 만나더라도 5학년 독자는 자신이 알고 있는 지식과 경험을 활용하여 읽기 마련이에요. 예컨대 '식물의 생태'를 설명하는 글을 읽는다면, 나무에 꽃이 피는 까닭이 아름다움을 뽐내려는 목적이 아니라, 번식을 위해 벌과 나비를 불러들이려는 활동이라는 것을 지식과 경험으로 알고 있기에 막힘 없이 글을 읽을 수 있어요.

하지만, 지식과 경험만으로는 처음 읽는 글의 내용을 이해할 수는 없어요. 식물의 구조를 자세히 알고 있지는 못할 테니까요. 꽃이 식물의 번식을 담당하는 기관이라는 것은 알고 있지만, 꽃은 '암술, 수술, 꽃받침, 꽃잎'으로 이루어져 있다는 사실은 읽는 글에서 처음 배우게 되어요. 더욱이 식물이 번식하려면 '꽃가루받이'를 해야 한다는 것과, '꽃가루받이'는 식물의 수술에서 만들어진 꽃가루가 같은 종류의 다른 식물의 암술머리에 옮겨져 붙는 것을 뜻한다는 것도 새로 알게 되어요.

그래도 독자는 처음 만난 글을 읽을 때 자신이 알고 있는 지식과 경험을 활용해요. 그 지식과 경험은 마치 징검다리와 같은 역할을 해요. 독서 활동을 개울물을 건너는 일에 비유한다면 말이에요. 개울물 중간중간에 놓여

있는 징검다리를 디디면 물속에 몸을 담그지 않고도 개울물을 건널 수 있어요. 그래서 징검다리는 크면 클수록, 많으면 많을수록 개울물을 건너기 쉬워요. 즉, 알고 있는 지식의 범위가 넓을수록, 겪은 경험이 다양할수록 처음 읽는 글의 내용을 더 잘 이해할 수 있어요.

'설명하는 글'을 읽을 때 지식과 경험을 떠올리면 좋은 점을 정리해 볼까요? 첫째, 글의 내용을 쉽게 이해할 수 있어요. 징검다리의 크기와 개수만큼 말이에요. 둘째, 글의 내용에 흥미를 느낄 수 있어요. 그것은 마치 야구 규칙을 알고 있으면 규칙을 모르고 관람하는 것보다 더 재밌게 경기를 즐길 수 있는 것과 같아요. 아는 만큼 즐긴다는 말이에요. 셋째, 글의 내용을 깊이 이해할 수 있어요. 읽는 글과 관련된 지식과 경험이 적으면 글의 내용을 깊이 이해하기는 어려워요. 넷째, 이미 아는 지식과 비교하여 글을 읽을 수 있어요. 지식과 경험이 많을수록 새로 만난 지식을 평가할 수 있는 안목도 섬세해요.

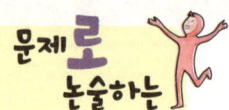

- 아래의 두 물음을 읽고
  스스로의 생각을 자유롭게 써 보아요.

1. 처음 만난 글을 읽을 때, '지식'과 '경험' 중에서 무엇이 더 독서 활동을 돕는 역할을 할까요?
   자유롭게 생각하여 쓰세요.

2. 독자가 자기 지식으로 처음 읽은 글을 평가할 때는 주의해야 할 점은 무엇일까요? 생각하는 대로 쓰세요.

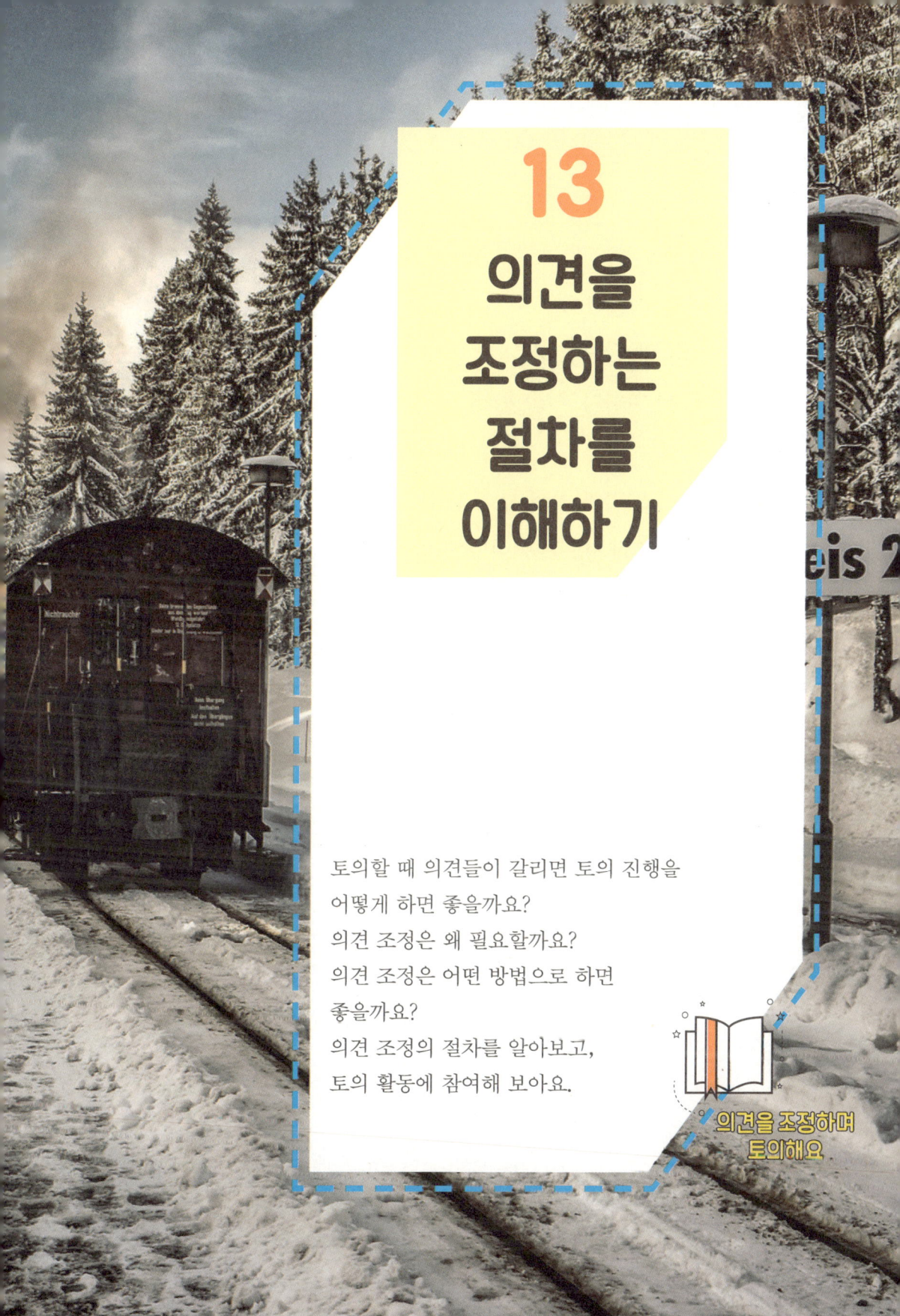

13 의견을 조정하는 절차를 이해하기

토의할 때 의견들이 갈리면 토의 진행을 어떻게 하면 좋을까요?
의견 조정은 왜 필요할까요?
의견 조정은 어떤 방법으로 하면 좋을까요?
의견 조정의 절차를 알아보고, 토의 활동에 참여해 보아요.

의견을 조정하며 토의해요

토의 여행

토의에 참여한 승객들을 태우고
토의 열차가 출발했어요.

토의 열차가 첫 번째로 정차한 역은
토의 주제 정하기 역이었어요.

출발역에서 토의 열차에 오른 승객들이
첫 번째 역에서 토의 주제를 정했어요.

열차가 두 번째로 정차한 역은
의견 마련하기 역이었어요.

토의에 참여한 열차 승객들이
두 번째 역에서 의견을 마련했어요.

승객들은 각자 의견을 마련하기 위하여

자기 의견을 뒷받침할 자료를 찾아 읽었어요.

예의 바른 승객은
상대를 배려하며 자기 의견을 제시했어요.

열차가 세 번째로 정차한 역은
의견 조정하기 역이었어요.

이 세 번째 역에서 토의 열차는
가장 오랫동안 정차했어요.

승객들의 여러 의견을 조정하기가
쉽지 않았기 때문이에요.

다행히 토의 열차의 기관사가 제안한
네 가지 절차에 따라
승객들은 각양각색의 의견을 조정했어요.

의견을 조정하기 위한 첫 번째 절차는

문제 파악하기였어요.

승객들은 토의 주제로 삼은 문제를 살폈어요.

의견을 조정하기 위한 두 번째 절차는
의견 실천에 필요한 조건 따지기였어요.
승객들은 여러 의견을 하나씩 검토했어요.
의견들을 실천하려면 어떤 조건이 필요한지를요.

의견을 조정하기 위한 세 번째 절차는
결과 예측하기였어요.
하나씩 검토한 의견을 실제로 실천하면
어떤 결과가 나타날지를 승객들이 예측했어요.

의견을 조정하기 위한 마지막 절차는
반응 살펴보기였어요.
의견마다 실천 결과를 예측했지만
승객들의 반응은 달랐으니까요.

토의 열차는 계속 정차할 수는 없어서

종착역을 향해 출발했어요.

토의 열차가 도착한 종착역은
의견 정하기 역이었어요.

마지막 역에서 승객들은
모두가 흔쾌히 찬성하지는 않았지만
의견 조정하기 역에서 의견을 조정한 대로
토의 여행을 마쳤어요.

승객들을 안전하게 내려 준 토의 열차는
다음번 토의 여행을 위하여 기름칠했어요.

    누구든 자신에게 문제가 생기면 고민해요. 숙제를 못 했거나, 친구와의 약속을 잊었거나, 엄마 심부름을 잘못한 경우가 생기면 어떻게 해결할지를 고민하게 되어요. 그러다가 마음속에서 갈등이 이어지면 우물쭈물하기도 해요. 자기 문제여서 남들과 의견이 갈릴 일도 없음에도 해결책을 찾지 못하곤 해요. 하물며, 어떤 문제를 놓고 여럿이 모여 앉아서 토의할 때는 의견들이 갈리는 경우가 종종 발생해요. 공동의 문제여서 함께 해결해야 하지만, 토의에 참여한 사람마다 문제를 바라보는 관점과 문제의 해결책을 다르게 생각하기 때문이에요.

    이처럼, 토의할 때 참여자들의 의견이 갈리면 토의 진

행자는 여러 방향으로 갈린 의견들을 조정해야 해요. 그렇다고 토의 진행자가 자기 마음대로 의견을 조정하면 참여자들이 수긍하지 않아요. 그런 태도는 의견 조정이 아니라 또 하나의 의견일 따름이니까요. 그러므로, 토의 진행자는 토의 참여자들이 문제를 분명하게 알아차리게 하고, 최선의 해결책을 찾을 수 있도록 의견을 조정해야 해요. 그러려면, 나름의 절차가 있어요. 그 절차는 네 가지예요. 첫째는, **문제 파악하기**예요. **해결해야 할 문제가 무엇인지를 참여자 모두가 분명히 깨닫고 있어야 해요.** 그렇지 않으면 토의의 초점이 흐려지니까요. 둘째는, **의견 실천을 따르는 필요한 조건 따지기**예요. **의견을 실천하려면 무엇이 필요할지를 살피는 일이에요.** 꼭 필요한 것을 마련하지 못하면 실천할 수 없으니까요. 셋째는, **결과 예측하기**예요. **의견을 실천하면 어떤 결과가 따를지를 예상하는 일이에요.** 실천했음에도 좋은 결과가 예상되지 않으면 실천할 이유가 없으니까요. 넷째는, **반응 살펴보기**예요. 의견 조정을 위하여 토의에 참여한 사람들의 생

각을 살피는 일이에요. 참여한 사람들이 합의하지 않으면 의견은 조정되지 않으니까요.

그런데, 의견 조정을 하려고 해도 참여자들이 제안한 의견들이 좋지 않으면 좋은 해결책을 마련할 수 없어요. 그러므로, 토의 참여자들이 자기 의견을 발표할 때는 의견에 대한 분명한 근거도 나타내야 해요. 의견의 근거는 의견을 뒷받침할 자료예요. 따라서, 의견을 제안할 때는 책, 언론 기사, 보고서 따위의 자료들을 찾아 읽은 다음, 마련한 자기 의견을 참여자들이 알아보기 쉽게 정리해야 해요. 그것은 의견의 내용에 따라 글로 표현할 수도 있고, 표나 도표로 나타낼 수도 있어요. 그때 제안자는 자신이 찾아 읽은 자료의 출처를 꼭 밝혀야 해요. 그래야 의견의 근거를 참여자들도 확인할 수 있어요. 근거 없는 의견은 설득력이 없어요.

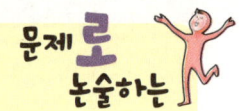

• 아래의 두 물음을 읽고
  스스로의 생각을 자유롭게 써 보아요.

1. 의견을 조정하기 위한 '네 가지 절차' 중에서 가장 어려운 절차는 몇 번째 절차일까요? 그 까닭도 생각하여 쓰세요.

2. 토의할 때 자기 의견을 뒷받침할 자료를 '표'나 '도표'로 나타내면 좋은 점은 무엇일까요? 그 장점을 쓰세요.

14 '문장 성분의 호응 관계'에 맞게 겪은 일을 쓰기

겪은 일을 글로 쓸 때는 어떤 점들을
살펴야 할까요?
쓴 글의 문장 성분이 호응하는지,
그렇지 않은지는 어떻게 살필 수 있을까요?
겪은 일에 대한 글은
어떻게 구성하면 좋을까요?
'글머리'도 생각하여 겪은 일을
글로 써 보아요.

겪은 일을 써요

김장하는 날

작년에도 우리 가족은 소설(小雪)에 김장한다.
　　　　　　　　　　　　　　　했다.

이날 첫눈이 내릴 거라는 소설(小雪)은
　　　　　내린다는

24절기 가운데 스무 번째 절기였다.
　　　　　　　　　　　　이다.

양력 11월 22일이나 23일이었던 소설(小雪)이 되면
　　　　　　　　　　인

심은 지 90일 된 배추의 속에 꼭 찼단다.
　　　　　　　　　속이 꼭 찬단다.

동시로
생각하고

나는 그런 줄은 결코 모르고 2주 전까지
　　　　　전혀　　　　　　전부터

어서 김장을 담그자며 엄마에게 졸랐다.
　　　김치를　　　　엄마께

그런 내게 엄마가 말했다.
　　　　엄마께서 말씀하셨다.

"뭐든 때가 기다려야 결실을 얻겠단다."
　　　때를　　　　　　　얻는단다.

그냥 생각하니, 나는 뭐든 별로 기다린다.
가만히　　　　　　　　　기다리지 못한다.

엄마가 밥상을 차리는데도 배고프시다고 짜증 내고
　엄마께서　　　차리시는데도 배고프다고

승강기에서 사람이 벌써 나왔는데도 먼저 들어가고
　　　　　　　아직 나오지 않았는데도

교통 신호가 벌써 바뀌지 않는다고 함부로 건너고
　　　　　　빨리

수학 문제를 잘 풀리지 않았다고 연필을 놓아 버린다.
　　　문제가　　　　않는다고

방금 담근 김치도 시간에 지나야 맛있게 익었듯이
　　　　　　　시간이　　　　　익듯이

조급한 내 마음은 기다릴 줄 알았어야 무르익었다.
　　마음도　　　　　알아야 무르익겠다.

올해 김장을 익으면 내 마음도 열어 보았다.
　　김장이　　　　　　　열어 보아야겠다.

글을 쓰는 일은 즐겁기도 하고 괴롭기도 해요. 어느 때 즐거운가요? 어느 때 괴로운가요? 글이 잘 써지거나, 써 놓은 글이 마음에 들면 즐거움을 느껴요. 그 반대일 때는 마음이 괴롭고 불편해요. 겪은 일을 글로 쓸 때도 마찬가지예요. 자신이 겪은 일을 스스로 잘 알고 있고, 인상적인 경험에 관하여 할 말이 많음에도 말이에요. 겪은 일을 글로 쓰려면 자기가 겪은 여러 경험 가운데 어떤 일에 관하여 쓸지를 생각해야 하고, 글 전체를 어떻게 구성해야 할지도 생각해야 하고, 글을 읽을 사람들을 떠올려 적절한 글의 표현 방법도 생각해야 하기 때문이에요.

그리고 겪은 일을 글로 쓸 때는 이런 여러 조건을 생

각해야 할뿐더러, 반드시 살펴야 하는 중요한 것이 또 있어요. 그것은 문장을 바르게 써야 하는 일이에요. 즉, 자신이 쓰고 있는 글의 문장 성분들이 바르게 쓰였는지를 살펴봐야 해요. 그 일은 어떻게 살피면 좋을까요? 기본적으로 다음의 세 가지를 살피면 좋아요. 첫째, 문장마다 주어, 목적어, 서술어가 서로 바르게 쓰였는지를 살펴보아요. (앞의 동시를 살펴보세요) 둘째, '어제, 오늘, 내일'처럼 시간을 나타내는 말과 뒤따르는 서술어가 서로 바르게 쓰였는지를 살펴보아요. 셋째, '할머니, 아빠, 선생님'처럼 높임의 대상을 나타내는 말과 서술어가 서로 바르게 쓰였는지를 살펴보아요. 또한, '결코, 전혀, 별로, 과연, 매우'와 같이, 어떤 말 앞에 놓여서 뜻을 분명하게 해 주는 낱말을 사용할 때는 뒤따르는 서술어와의 호응 관계를 잘 살펴야 해요. 그러지 않으면, '나는 그 말을 전혀 들어 보았다.'와 같이 엉뚱한 글이 되어요.

겪은 일에 대한 글은 어떻게 구성하면 좋을까요? 가장

좋은 글의 구성이 따로 있지는 않아요. 글의 전체적인 균형, 읽는 재미와 의미에 따라 그 기준은 달라지기 때문이에요. 그런데도 글의 균형을 생각하면, 일반적인 글의 구성은 '처음 - 가운데 - 끝', 이렇게 세 영역으로 나뉘어요. 이 세 영역에 각각 어떤 내용을 쓸지는 글쓴이의 생각과 마음에 달려 있어요. 다만, 마치 우리가 처음 만나는 사람에게서 첫인상을 느끼듯이, '글의 첫 부분'에 해당하는 글머리는 독자에게 글 전체의 인상을 주기 때문에 꽤 중요해요. 그러므로, 글을 멋진 날씨 표현으로 시작하든, 흥미로운 대화로 시작하든, 궁금한 인물 설명으로 시작하든, 명쾌한 속담이나 격언으로 시작하든, 재미있는 의성어나 의태어로 시작하든, 분위기를 느낄 수 있는 상황 설명으로 시작하든, 글머리는 독자의 눈길을 끌수록 좋아요. 꽃에 벌 나비가 모이듯이, 글도 매력이 있어야 독자의 눈길이 머물러요.

• 아래의 두 물음을 읽고
  스스로의 생각을 자유롭게 써 보아요.

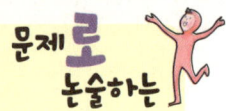

1. 아래의 문장을 '문장 성분의 호응 관계'에 맞게 고쳐 쓰세요.
   이십사절기 가운데였던 소설(小雪)은 입동과 대설 사이에 있었으며, 양력에서는 해마다 11월 22일이나 23일경이었다.

2. 겪은 일에 대한 글을 어떻게 구성하면 독자가 재미있게 읽을지를 생각하여 그 글머리의 첫 문장을 쓰세요.

15
매체의 특성을 이해하여 정보 찾기

'매체'란 무엇일까요?
매체가 없다면 우리는 세상일을
어떻게 알 수 있을까요?
우리는 어떤 매체들을 이용할까요?
인쇄 매체, 영상 매체, 인터넷 매체의 특성은
무엇일까요?
매체의 특성을 이해하여
정보를 찾아보아요.

여러 가지
매체 자료

세 친구의 숙제 발표

매체 마을의 세 친구
인쇄 매체와 **영상 매체**와 **인터넷 매체**가 어울려
매체 초등학교에 갔어요.

첫 교시 수업 시간에 세 친구는
각자가 준비한 숙제를 발표했어요.

그날의 발표 숙제는
'매체 마을 소개하기'였어요.

먼저 담임 선생님께서
매체가 무엇인지 설명하셨어요.

"여러분, 매체란 무엇일까요?
우리 마을에 사는 여러분은 잘 알고 있을 거예요.
매체는 한쪽에서 다른 쪽으로 전달하는 물체예요.

우리 마을에는 세 가지 매체 이웃이 있어요.
마침 세 매체 학생이 모두 우리 반 학생이에요.
그럼, 세 매체에 대한 소개말들을 듣겠어요."

곧이어 이 마을에서 가장 오래된 집안에서 태어난
인쇄 매체가 종잇장같이 반듯한 자세로 발표했어요.

"저희 집안은 우리 마을에서
가장 전통 있는 가문입니다.
우리 집에는 책과 신문과 잡지가 가득합니다.
종이에 인쇄한 저희 매체는
멋진 글과 그림과 사진으로 정보를 전달합니다.
따라서, 저희 인쇄 매체를 이용하는 사람들은
책이나 신문이나 잡지에 실린
글과 그림과 사진을 읽고 보며 정보를 얻습니다."

이번에는 알록달록한 옷차림의 영상 매체가
스피커처럼 큰 목소리로 또박또박 발표했어요.

"저희 집안은 우리 마을에서
가장 웅장하고 화려한 가문입니다.
우리 집에는 영화관도 있고 텔레비전도 있습니다.
영상을 촬영하고 소리를 녹음한 저희 매체는
선명한 영상과 소리로 정보를 전달합니다.
따라서, 저희 영상 매체를 이용하는 사람들은
영화관이나 텔레비전을 통하여
영화와 방송을 시청하면서 정보를 얻습니다."

자신의 차례를 맞이한 인터넷 매체는
손에 쥔 휴대 전화를 치켜올리며 발표했어요.

"저희 집안은 우리 마을에
생긴 지 얼마 안 되었지만, 다재다능한 가문입니다.
우리 집에는 컴퓨터도 있고 휴대 전화도 있습니다.
인쇄 매체와 영상 매체를 모두 갖춘 저희 매체는
글, 그림, 사진과 영상, 소리뿐만 아니라,
문자 메시지로도 정보를 전달합니다.
따라서, 저희 인터넷 매체를 이용하는 사람들은

컴퓨터나 휴대 전화를 통하여
글, 그림, 사진과 영상, 소리를 찾아서 보고 듣고,
문자 메시지를 주고받으며 정보를 얻습니다."

세 친구의 숙제 발표가 끝나자
흐뭇하게 지켜보신 선생님께서 손뼉 치셨어요.
기능이 많은 인터넷 매체의 발표가 좀 더 길었지만
선생님께서는 세 친구 모두를 칭찬하셨어요.

5학년을 마치는 날에 세 친구는 모두
자신들을 닮은 네모난 상장을 받았어요.

자유롭게 색칠하여 그림을 완성해 보세요.

"매체 마을" 소개

인쇄 영상 인터넷

 텔레비전과 라디오, 컴퓨터와 휴대 전화, 신문과 잡지가 없다면 우리는 세상에서 일어나는 일들을 어떻게 알 수 있을까요? 만약에 그렇게 된다면, 우리의 생활은 먼 옛날로 돌아갈 거예요. 세상일을 사람들의 입과 귀로만 주고받을 수밖에 없을 테니까요. 그렇다면 오늘날 뉴스가 되는 바깥세상의 소식은 물론이고, 학습과 생활에 필요한 정보를 얻는 길은 각 분야의 전문가를 찾아가 직접 만나는 방법뿐일 거예요. 하지만, 그럴 일은 없어요. 이미 여러 기술로 발달한 매체들이 우리 생활 속에 들어와 있으니까요.

 앞서 말한 텔레비전, 라디오, 컴퓨터, 휴대 전화, 신문, 잡지를 '매체'라고 해요. 매체(媒體)는 한자어예요. 중개 매(媒), 몸 체(體)예요. 중개라는 말은 '양쪽 사이에서 일을 주선함'을 뜻해요. 그래서 매체는 '어떤 작용을 한 쪽에서 다른 쪽으로 전달하는 물체'예요. 텔레비전과 라디오는 방송국에서 제작한 방송을 시청자와 청취자에게 전달하는 물체예요. 컴퓨터와 휴대 전화는 그 기계를 사용하는 개인이나 집단끼리 어떤 정보를 주고받는 물체예요. 신문과 잡지는 신문사와 출판사에서 취재하고 편집하여 종이에 인쇄한 정보를 독자에게 전달하는 물체예요.

오늘날 사람들은 이런 다양한 매체를 이용하여 생활에 필요한 정보들을 얻거나 주고받아요. 즉, 사람들은 자신의 필요에 따라서 여러 매체 가운데 사용 가능한 적절한 매체를 선택하여 이용해요. 아침이면 신문으로 취재 기사나 칼럼을 읽을 수 있고, 저녁이면 텔레비전으로 뉴스나 드라마를 시청할 수 있어요. 더 자세한 지식 정보가

필요하면 전문 서적이나 각 분야의 잡지나 백과사전을 찾아 읽을 수 있고, 컴퓨터로도 분야별 전문가가 정리해 놓은 지식과 정보를 검색하여 쉽게 찾아 읽을 수 있어요. 또한, 휴대 전화로는 아는 사람들과 실시간으로 소식과 정보를 주고받을 수 있어요. 이처럼, 다양한 매체는 오늘날의 문화생활에서 떼어 놓을 수 없을 만큼 여러 기능을 하는 물건들이에요.

그런데 이렇게 쓸모 있는 매체들에는 각각의 특성도 있고, 그 특성에 따라 정보를 전달 방법도 달라요. 매체는 크게 구분하면 세 가지로 나눌 수 있어요. 첫 번째는 인쇄 매체예요. 인쇄 매체는 가장 오래된 매체예요. 오늘날처럼 과학 기술이 발달하지 못한 몇백 년 전에는 유일한 매체가 인쇄 매체였어요. 사람들에게 필요한 정보들을 많은 양의 종이에 인쇄했어요. 그 제작과 유통 방식은 오늘날과 비슷해요. 독자들이 관심 있어 할 만한 정보를 신문, 잡지, 책으로 인쇄하여 서점과 거리에서 판매했어요. 그런 인쇄 매체는 종이와 잉크로 글과 그림과 사진을 인쇄하여 시각 정보를 나타내어요. 따라서, 인쇄 매체의 정보 전달 방법은 글, 그림, 사진이에요.

두 번째는 영상 매체예요. 1895년에 영화가 처음 생겨났으니, 영상 매체의 역사는 백몇십 년이 되었어요. 그 전까지는 인쇄 매체뿐이었어요. 영화라는 영상 매체가 탄생하고, 과학 기술이 더욱 발전하여 1936년에 영국의 BBC 방송국이 최초로 흑백텔레비전 방송을 시작했으니, 텔레비전의 역사는 채 100년도 안 되어요. 그런데도, 영화와 텔레비전은 탄생하자마자 사람들에게 큰 인기를 얻었어요. 영화관과 텔레비전에서 움직이는 영상, 그리고 그 영상과 함께 들리는 소리는 사람들의 눈과 귀를 사로잡기에 충분했어요. 따라서, 영상 매체의 정보 전달 방법은 영상과 소리예요.

세 번째는 인터넷 매체예요. 컴퓨터의 발달로 1970년

대에 생겨나 1990년대에 폭발적으로 상업화된 인터넷 매체가 생겨난 지는 겨우 몇십 년밖에 안 되어요. 그런데도, 인터넷 매체는 다른 매체에 비하면 가장 혁신적이에요. 인터넷 매체는 인쇄 매체의 특성과 영상 매체의 특성을 모두 갖추었을 뿐만 아니라, 휴대 전화의 문자 메시지와 '누리 소통망' 같은 SNS(Social Network Service, 소셜 네트워크 서비스)까지 겸비하고 있기 때문이에요. 그래서 인터넷 매체는 이미 현대 생활에서는 빼놓을 수 없는 물건이 되었어요. 따라서, 인터넷 매체의 정보 전달 방법은 모든 매체의 전달 방법을 포함하기에 글, 그림, 사진과 영상, 소리와 문자 메시지, SNS예요. 이 여러 기능을 모두 실현하는 물건은 바로 컴퓨터와 휴대 전화예요.

이렇게 인터넷 매체 기술이 계속 발달하면서 날마다 전 세계에서 엄청난 양의 정보가 새로 만들어지고, 그 정보는 국가를 뛰어넘어 전 세계 사람들이 실시간으로 주고받고 있어요. 그래서 '정보의 바다'라는 말도 생겨났어요. 그러니 우리 생활은 이미 정보를 찾아내는 일이 문제가 아니라, 정확하고 적절한 정보를 고르는 일이 오히려 문제가 되었어요. 그러므로, 매체를 통하여 학습과 생활에 필요한 자료를 찾을 때 매체의 특성을 이해하여 여러 자료 중에서 어떤 자료가 적절한 정보인지를 구별하는 안목도 길러야 하는 상황이 되었어요. 바다는 넓고 깊으니 바다에서는 항해 기술이 더욱 중요해요.

• 아래의 두 물음을 읽고
  스스로의 생각을 자유롭게 써 보아요.

1. 앞서 구분한 세 가지 매체 중에서 독자 자신은 어떤 매체를 자주 사용하나요? 답변과 함께 까닭도 쓰세요.

2. 역사적으로 가장 최근에 생긴 '인터넷 매체' 이후에는 어떤 새로운 매체가 탄생할까요? 자유롭게 상상하여 쓰세요.

16
상대의 주장과 근거를 판단하여 토론하기

토론할 때 왜 참여자들의 주장이 종종 갈릴까요?
토론 상대가 주장을 펼 때는
어떤 태도로 들어야 할까요?
토론 상대에게 반론을 펼 때는
어떻게 반박해야 할까요?
상대의 주장을 경청하면서 자기주장도
펼쳐 보아요.

타당성을 생각하며 토론해요

토론하는 몸

눈, 귀, 코, 혀, 살갗이 느끼면
머리는 생각하고 입은 말해요.

두 사람, 세 사람이 말하고
네 사람, 열 사람이 말해요.

같은 문제를 다르게 생각하고 말하니
토론이 필요해졌어요.

─왜 이런 일이 생겼을까?
─이것을 바꿀 수는 없을까?

토론이 시작되니
눈, 귀, 손, 머리가 바빠져요.

눈은 한쪽 주장을 펼치는

동시로 생각하고

상대의 태도를 눈여겨보아요.

귀는 한쪽 주장을 펼치는
상대의 발언을 귀담아들어요.

손은 한쪽 주장을 펼치는
상대의 주장과 근거를 기록해요.

머리는 한쪽 주장을 펼치는
상대의 주장과 근거가 타당한지 판단해요.

이제 반론하는 입이 나설 차례예요.
입은 눈, 귀, 손, 머리가 함께 준비한 말을 해요.

입은 상대에게 질문하고 반박해요.
입은 뒷받침 자료를 근거로 설명하고 주장해요.

그러자 상대의 눈, 귀, 손, 머리가 바빠졌어요.

    독서 토론이든, 학급 토론이든, 여럿이 모여 토론하다 보면 토론 안건에 대한 참여자들의 생각이 달라서 서로 펼치는 주장이 두 방향 이상으로 갈릴 수 있어요. 토론 주제로 삼은 한 문제를 놓고도 그 문제를 바라보는 시각과 생각이 서로 다르다 보니, 펼치는 주장이 갈리는 것은 당연해요. 이를테면, 도시에서는 치킨이나 야식 등의 음식물을 배달하는 오토바이 소리가 한밤까지 이어지곤 해요. 그래서 그 소음 문제를 놓고 시민들이 토론한다면 여러 주장이 펼쳐질 거예요. 한쪽에서는 시민의 편의를 위하여 생기는 어쩔 수 없는 현상이니 다소 시끄럽더라도 주민들이 양해해 주어야 한다고 주장할 수 있어요. 반면에, 다른 쪽에서는 오토바이 소음 때문에 밤잠을 설치는 시민이 많을 것이니 음식물 배달 시간을 밤 11시까지로만 제한해야 한다는 주장이 나올 수도 있을 거예요. 또 다른 쪽에서는 앞의 두 입장과는 다른 주장을 할 수도 있어요. 배달 시간을 제한하는 것은 시민의 자유를 빼앗는 일이고, 소음으로 밤잠을 설치는 시민도 적지 않을 테니, 배달용 오토바이는 소음이 거의 없는 전기 오토바이만 허용하자는 주장이 그것일 수 있어요.

우리나라는 민주주의 사회여서 개인의 권리와 자유가 법으로 보장되어 있어요. 그러므로, 여럿이 모여 토론할 때도 참여자에게 자기주장을 펼 수 있는 자유와 권리가 평등하게 보장되어 있어요. 다만, 그 자유와 권리는 토론 절차와 질서를 지켜야만 행사할 수 있어요. 그러지 않으면 남들의 자유와 권리를 빼앗는 일이니까요. 그러므로 토론에 참여한 상대가 어떤 주장을 펴는 동안에는 그 주장에 반대하더라도 말을 끊으면 안 되어요. 상대가 어떤 주장을 펼 때는 그 태도를 눈여겨보면서, 그의 주장과

근거를 손으로 기록하고 귀담아들어야 해요. 그것이 토론의 절차와 질서를 지키는 태도예요. 동시에, 상대의 주장과 근거가 타당한지를 판단해야 해요. 그래야 궁금한 점은 상대에게 질문할 수 있고, 타당하지 않다고 판단한 점은 반박할 수도 있어요. 그것이 '반론'이에요. 반론은 또 다른 주장이에요. 그래서, 반론할 때는 무엇을 주장할 때와 마찬가지로 근거로써 발언해야 해요. 그리고 근거를 드러낼 때는 근거가 되는 뒷받침 자료로써 설명해야 해요. 그래야 토론 참여자들에게 반론으로 인정받을 수 있어요. 반론(反論)은 한자어예요. 되돌릴 반(反), 말할 론[논](論)이에요. 한자대로만 뜻풀이하면 '되돌려 말함'이지만, 반론은 '남의 주장이나 논설에 대하여 반대하여 말함'이에요. 반론하려면 남의 주장을 되돌려 놓고 말해야 하니, 두 뜻풀이는 서로 통해요. 토론하는 목적도 어떤 문제에 대하여 참여자들이 서로 통하기 위함이에요.

• 아래의 두 물음을 읽고
  스스로의 생각을 자유롭게 써 보아요.

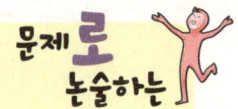

1. 앞의 수필에서 예로 든, '한밤의 배달용 오토바이 소음'에 대한 문제를 어떻게 해결하면 좋을까요? 자기주장을 펼쳐 보세요.

2. 토론할 때 상대가 펼치는 주장과 근거를 기록하면서 들으면 좋은 점이 무엇일까요?

17
낱말 뜻을 짐작하여 문장을 이해하기

왜 어떤 낱말에는 본뜻 말고도
확장된 뜻이 있을까요?
본뜻이 아닌, 확장된 뜻으로 읽어야 하는 문장은
어떻게 읽어야 그 뜻을 이해할 수
있을까요?
낱말의 확장된 뜻을 짐작하여
문장을 이해해 보아요.

중요한 내용을
요약해요

속담 나무

낱말은 **나무**다.
낱말에는 **밑줄기**가 있고
밑줄기는 자라면서 **가지**를 뻗는다.

낱말의 **밑줄기**는 쉽게 눈에 띄지만
낱말의 **가지**는 속뜻을 짐작해야 보인다.

─사촌이 땅을 사면 **배**가 아프다.
　사촌이 땅을 사면 **배탈**이 난다고?
　남이 잘되면 **심술**이 난다.

─옷이 **날개**다.
　하늘로 날아오르는 **선녀의 옷**이라고?
　옷을 맵시 있게 입으면 사람이 **돋보인다**.

─**바람** 따라 **돛**을 올린다.

동시로 생각하고

돛배는 바람의 힘을 이용한다고?
때를 맞춰 일을 벌여야 성과가 있다.

―나무에서 물고기를 찾는다.
나무에 올라가서 낚시질한다고?
불가능한 일을 해내려고 애쓰는 것은 어리석다.

―시작이 반이다.
방금 일을 시작했는데 절반이나 했다고?
시작이 어렵지, 시작하면 마치기는 어렵지 않다.

―사공이 많으면 배가 산으로 간다.
여러 명의 뱃사공이 배를 지고 산으로 간다고?
여럿이 자기주장만 하면 일이 잘되기 어렵다.

나무의 줄기만 읽고
가지를 읽지 못하면
문장의 숲을 이해할 수 없다.

자유롭게 색칠하여 그림을 완성해 보세요.

낱말은 마치 '나무' 같아요. 낱말 중에는 '뿌리'가 있는 낱말도 있고, '밑줄기'만 있는 낱말도 있고, 밑줄기뿐만 아니라 '가지'도 있는 낱말도 있어요. 예컨대 '어른스럽다.'라는 낱말의 뿌리는 '어른'이에요. '착하다'에서의 '착-', '귀하다'에서의 '귀-'도 낱말의 뿌리예요. 낱말의 밑줄기는 '낱말의 본뜻'이라고 말할 수 있어요. '배가 아프다.'라는 문장에서 '배'의 본뜻은 '내장이 들어 있는 몸의 부위'예요. 그런데, 그 문장은 다른 뜻으로도 사용해요. '심술이 난다.'가 그것이에요. 이때의 '배'는 '심술'을 뜻해요. 그래서 가지도 있는 낱말이 포함된 문장을 읽을 때는 낱말의 본뜻이 아닌 확장된 뜻을 읽어야 이해할 수 있어요.

그럼, 어떤 낱말을 글쓴이가 본뜻이 아닌, 확장된 뜻으로 썼을 때, 독자는 어떻게 알아차릴 수 있을까요? '사촌이 땅을 사면 배가 아프다.'라는 속담처럼 흔히 사용하는 문장은 널리 알려져 있기에 쉽게 알아차릴 수 있어요. '손끝이 맵다.'라는 문장은 어떤가요? 김치를 담근 손끝이 실제로 맵다는 말일까요? 이 문장은 두 가지로 사용하는 말이에요. 첫째는 '손으로 슬쩍 때려도 몹시 아프다.'이고, 둘째는 '일하는 것이 빈틈없고 매우 야무지다.'예요. 따라서, ==본뜻이 아닌, 확장된 뜻으로 읽어야 하는 문장은 앞뒤 문장의 흐름을 살펴서 짐작하여 읽어야 해요.== 마찬가지로, '저는 할아버지 손에서 자랐습니다.'에서의 '손'도 낱말의 본뜻이 아닌, 확장한 뜻으로 자주 사용하는 낱말이에요. 즉, '할아버지의 손에서 자랐다.'라는 말은 할아버지 손에서 손톱처럼 자랐다는 뜻이 아니라, 할아버지의 '보살핌'을 받으며 자랐다는 뜻이에요. 이때의 '손'은 '보살핌'을 뜻하는 말로 사용했어요. 이처럼, 낱말은 자꾸만 가지를 뻗는 성질이 있어요.

낱말은 왜 확장될까요? 정확히 말하면, 낱말이 스스로 확장하는 것이 아니라, 낱말을 사용하는 사람들이 낱말의 뜻을 확장하는 거예요. '할아버지의 보살핌을 받으며 자랐다.'라고 할 말을 애초에 누군가가 '손에서 자랐다.'라고 빗대어 말한 거예요. 그러면 말맛이 달라지니까요. '말맛'도 마찬가지예요. 말[言]은 음식이 아니어서 말에는 단맛, 쓴맛, 신맛, 짠맛이 없어요. 그런데도 낱말 말맛은 '말소리나 말투의 차이에 따른 느낌'이라는 뜻풀이로 국어사전에 올라 있는 만큼 사람들이 자주 사용하는 낱말이에요. 따라서, '낱말'은 본뜻을 이해하는 것이 우선이지만, 확장된 뜻도 알아차려야 말맛을 느낄 수 있어요. 말을 한다는 것은 생각과 느낌을 표현하고 전달함이 목적이지만, 재미도 추구하는 사람의 활동이기도 해요.

• 아래의 두 물음을 읽고
  스스로의 생각을 자유롭게 써 보아요.

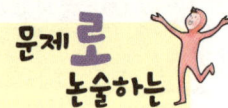

1. 다음 문장의 확장된 말뜻을 짐작하여 쓰세요.
   '뇌물을 받고도 시치미 떼는 정치인은 얼굴이 두껍다.'

2. 왜 사람들은 낱말의 뜻을 더 확장하여 쓰려고 할까요?
   자유롭게 생각하여 쓰세요.

18
'대화'의 수준을 생각하여 말하기

'외래어'와 '외국어'의 차이는 무엇일까요?
'외국어'를 무분별하게 사용하면
어떤 문제가 생길까요?
우리말의 '높임 표현'은
어떻게 사용해야 할까요?
'신조어'는 어떻게 생겨날까요?
유행하는 신조어 사용에 대하여
생각해 보아요.

우리말 지킴이

문자 메시지

방과 후 한 학생이 학교 벤치에 앉아
어머니와 문자 메시지를 주고받아요.

아들: 맘! 나 오늘 열공.
엄마: 레알루?
아들: 헐. 레알.
엄마: 어때? 열공하니, 공부도 꿀잼?
아들: 공부가 핵노잼은 아니지만 핵꿀잼도 아님.
엄마: 그래도 열공했으니 개이득이지.
아들: 그럼, 오늘 치킨각?
엄마: 그래, 그간 고답이었는데, 오늘은 갑분띠.

같은 시각, 같은 학생이 같은 벤치에 앉아
어머니와 문자 메시지를 주고받아요.

아들: 엄마! 저 오늘 열심히 공부했어요.

엄마: 정말?

아들: 에이, 정말이에요.

엄마: 어떠니? 열심히 하니, 공부도 재밌지 않니?

아들: 공부가 재미없진 않지만, 꽤 재밌지도 않아요.

엄마: 그래도 열심히 공부했다니 뿌듯하겠구나.

아들: 그럼, 오늘 치킨 사 주시는 거예요?

엄마: 그래, 그간 좀 답답했는데, 엄마도 기분 좋네.

독자분은 두 학생 중
어느 쪽에 가깝나요?

독자분은 먼 훗날
어느 쪽의 가정을 이루고 싶나요?

　'텔레비전, 컴퓨터, 에어컨, 버스, 피아노, 커피, 치즈, 뉴스, 드라마' 따위의 낱말들은 우리말로 굳어진 외래어예요. 외래어(外來語)는 한자어예요. 바깥 외(外), 올 래[내](來), 말씀 어(語)예요. 말 그대로 외래어는 '외국에서 들어온 말로, 국어에서 널리 쓰는 단어'예요. 외래어를 사용하는 까닭은 무엇일까요? 텔레비전을 비롯하여 앞의 예들은 우리말로 대체할 적당한 낱말이 없을뿐더러, 이미 전 세계에 일반화되어 어느 나라든 공통으로 사용하는 말들이기 때문이에요. 반면에, 우리나라 사람들이 종종 사용하기도 하는 '무비(movie), 레시피(recipe), 리플(reply)' 따위의 낱말들은 외국어예요. 외국어(外國語)는 말 그대로 '다른 나라의 말로서, 국어로 정착되지 않은 단어'예요. 따라서, 무비는 영화, 레시피는 요리법, 리플은 댓글(답글)이라는 우리말을 사용하는 것이 바람직해요. 왜냐하면, 그런 외국어 낱말 뜻에 해당하는 분명한 우리말들이 있을뿐더러, 한국인이 한국어를 쓰지 않으면 우리말은 점점 사라져 버릴 테니까요.

그런데도 외국어를 유난히 많이 쓰는 사람들이 있어요. 이를테면, "새로 뽑은 카가 딜레이돼서 메트로를 타고 오느라고 늦었어. 쏘리." 또는 "보이프렌드가 알려준 뉴 헤어 숍에 갔다가 망했어. 웨이브 스타일이 꽝이야!" 이런 분들은 왜 이런 식으로 대화할까요? 둘 중 하나가 아닐까요? 외국어를 섞어서 대화하면 자신의 외국어 실력이 웬만하다는 걸 드러낼 수 있다고 여기거나, 우리말 대화를 원만히 하지 못한다는 걸 은연중에 숨기려는 게 아닐까요? 오히려 한국어를 쓰려고 노력하는 사람은 이미 우리말로 굳은 다큐멘터리라는 말 대신 "새로운 영상 기록물을 보았어."라고 말할 수도 있을 거예요.

우리말의 높임 표현을 잘못 사용하는 일도 적지 않아요. "17번 고객님, 주문하신 불고기 햄버거가 나오셨습니다." 또는, "감사합니다. 육천 원 나오셨습니다." 어떤가요? 이 두 예에서 말하는 사람은 손님을 높이려는 마음으로 그렇게 말했겠지만, 이렇게 말하면 높임의 대상은 햄버거와 돈이 되어요. 그러니 어떤 손님은 '아! 이 종업원이 손님을 존대하고 싶지 않아서 저렇게 말하는구나.' 하고 오해할 수도 있겠어요. 그러니, 한국인이라면 우리말의 높임 표현 사용법을 잘 알아야겠어요. 우리말의 높임 표현은 사물이나 동식물에는 하지 않아요. 사람을 향해요.

십여 년 전부터 우리 사회에는 외래어도, 외국어도, 한국어도 아닌 신조어들이 유행하고 있어요. 신조어(新造語)는 한자어예요. 새 신(新), 만들 조(造), 말씀 어(語)예요. 말 그대로, 신조어는 '새로 만들어진 말'이에요. 대개는 줄임 말로 만들어진 신조어의 유행은 어르신들보다는 젊은 세대에게서 널리 퍼져 있어요. <mark>문자 메시지나 SNS라는 인터넷 문화에서 비롯되었기 때문</mark>이에요. 기성세대보다 젊은이들이 인터넷 매체를 더 많이 사용하니까요. 문자 메시지의 대화는 실시간에 이루어지는 의사소통이어서 문자 수가 적을수록 빠르게 적을 수 있을뿐더러, 통신 요금도 절약하는 장점이 있어요. 그래서, 앞의 동시에 나온 '열공, 레알루, 헐, 꿀잼, 핵노잼, 개이득, ~각, 고답, 갑분띠' 따위의 신조어들은 이미 젊은이만의 암호 같은 유행어가 되었어요. 심지어 새로운 신조어가 생겨나면 초기에는 젊은 세대조차도 모르는 암호가 되곤 해요.

언어는 생명체와 같아요. 시대에 따라 그 쓰임이 종종 변하니까요. 그리고 언어를 울창한 숲으로 만드는 역할을 신조어가 돕기도 해요. 신조어 중에는 우연히 생겨나서 사람들이 오래 사용하여 몇백 년이 지나도 살아남은 말이 있어요. 반면에, 마치 한때 반짝하는 대중가요처

럼 불과 몇 해 동안만 유행하다가 금세 잊히는 신조어도 많아요. 그런 만큼 언어는 생활의 꽤 쓸모 있는 의사소통의 매개이지만, 그 쓸모 때문에 언어를 사용하는 사람들에게 평가도 받아요. 그래서 신조어 중에는 얼마 지나지 않아 사람들에게 버림받는 말도 많아요. 돌이켜보면, 그 대상은 무분별하게 변형하여 만들어진 비속한 말들이에요. 한자로는 낮을 비(卑), 풍속 속(俗)인 비속(卑俗)의 말뜻은 '수준이 낮고 천박하다.'예요. 그런 말을 비속어라고 해요. 그러니, 우리가 신조어를 사용할 때는 먼저, 그 말이 비속어인지 아닌지를 판단해야겠어요. '말'은 말하는 사람의 수준을 나타내요.

• 아래의 두 물음을 읽고
  스스로의 생각을 자유롭게 써 보아요.

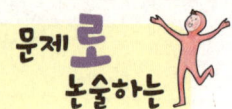

1. 자신이 알고 있는 신조어들을 나열하세요. 그리고 그중에서 '비속어'라고 판단하는 말들을 골라내세요.

2. 유행하는 신조어를 사용하면 어떤 장단점이 있을까요? 스스로 생각하여 그 장점과 단점을 쓰세요.

찾아보기

SNS   105, 107~108, 147, 174

ㄱ

갈등   97~98, 123
감상   69~71, 75~76
견문   69~71, 75~76
결과 예측하기   120, 124
경청   101, 106, 108, 151
경험   25, 29~30, 73~75, 93, 99, 108~116, 133
공감   17, 19, 23, 29~30, 101, 107
과정   35, 40~41,
근거   42, 67, 91~92, 125, 151, 153, 157~158
글머리   127, 135~136
글의 틀   33~34, 37~38, 44
기록   75, 153, 157~158
기억에 남은 일   99
기행문   69, 73~76

ㄴ

높임 표현   167, 173
높임의 대상을 나타내는 말   134
누리 소통망   105, 107~108, 147

ㄷ

다의어   53, 58~60
단일어   77, 83
대조   34, 39
대화   17~18, 21~23, 95, 99~108, 135, 167, 172, 174
동형어   53, 57~58, 60

ㅁ

말맛   165
말투   18, 22, 165
말하기, 듣기, 읽기, 쓰기   21
매체   137~149, 174
목적어   45~47, 51~52, 134
몸짓   18, 22, 103
문장 성분   127, 134, 136
문제 파악하기   120, 124

ㅂ

반론 151, 153, 157
반박 151, 153, 157
반응 살펴보기 120, 124
배경 95, 97~99
배려 22, 119
복합어 77, 83~84
본뜻 77, 83, 159, 163~165
분류 35, 42
분석 35, 41
비교 34, 39, 75, 113, 115
비속어 175~176

ㅅ

사건 30, 94~99
서술어 45, 47, 50~52, 134
설명하는 글 33, 34, 37~38, 44,
    85~92, 109~113, 115
시간을 나타내는 말 134
신문 139, 143~145
신조어 167, 173~176
실감 25, 30

ㅇ

언어 21, 174~175

여정 69~71, 74~76
열거 35, 40
영상 매체 137~140, 146~147
영화 30, 140, 146, 172
외국어 167, 171~173
외래어 167, 171, 173
요약 33, 37~38, 159
윤동주 26~27, 30~32
의견 61, 66~67, 107, 117~126
이야기의 흐름 97, 99
인물 30, 32, 86, 95, 97~100, 135
인쇄 매체 137~140, 145~147
인터넷 매체 137~141, 146~149,
    174

ㅈ

잡지 139, 143~145
조언 17, 23~24
주어 45~52, 134
주인공 93~98
주장하는 글 85, 91~92
주제 37, 44, 61~63, 66~67, 118,
    120, 155
중심 문장 34, 38, 90
지식 87, 89~90, 92, 109~116,

144~145
짐작 18, 22~23, 90, 159~160, 164, 166

확장된 뜻 159, 163~165
휴대 전화 140~147

ㅊ

처지 18, 23, 101, 106~107
출처 125
칭찬 17, 22, 141

ㅋ

컴퓨터 29, 140~147, 171

ㅌ

텔레비전 140~146, 171
토론 55, 151~158
토의 61~68, 117~126
토의 주제 61~63, 66~67, 118, 120

ㅍ

판단 67, 151, 153, 157, 175~176
표정 18, 22, 103

ㅎ

형태가 같은 낱말 57
혼잣말 102, 105~106

독서 감상문

로로로 초등 국어 5학년
동시로 생각하고, 수필로 이해하고, 문제로 논술하는

초판 발행일 2020년 8월 24일
2쇄 발행일 2022년 12월 15일
지은이 윤병무
그린이 이철형
디자인 씨디자인: 조혁준 기경란

펴낸곳 국수
등록번호 제2018-000158호
주소 경기도 고양시 일산동구 진밭로 36-124
전화 (031) 908-9293
팩스 (031) 8056-9294
전자우편 songwriter@kuksu.kr

© 윤병무, 2020, Printed in Goyangsi, Korea

ISBN 979-11-90499-10-1 74810
ISBN 979-11-90499-05-7 (세트)

- 책값은 뒤표지에 쓰여 있습니다.
- 이 책의 저작권은 저자에게, 판권은 '국수'에 있습니다.
- 이 책 내용의 전부는 물론 일부라도 재사용하려면 반드시 '국수'의 동의를 얻어야 합니다.
- 잘못 만들어진 책은 구입하신 서점에서 교환해드립니다.

이 도서의 국립중앙도서관 출판예정도서목록(CIP)은 서지정보유통지원시스템 홈페이지(http://seoji.nl.go.kr)와 국가자료공동목록시스템(http://www.nl.go.kr/kolisnet)에서 이용하실 수 있습니다. (CIP제어번호: CIP2020031313)

종이에 손을 베지 않도록 주의하세요.
책 모서리에 다칠 수 있으니 책을 던지지 마세요.